高质量发展下高校教师专业发展及课程教学评价研究

勾 训◎著

吉林出版集团股份有限公司
全国百佳图书出版单位

图书在版编目（CIP）数据

高质量发展下高校教师专业发展及课程教学评价研究/勾训著.--长春:吉林出版集团股份有限公司,2024.5.--ISBN 978-7-5731-5060-8

Ⅰ.G645.12;G649.21

中国国家版本馆CIP数据核字第2024UL5460号

高质量发展下高校教师专业发展及课程教学评价研究
GAOZHILIANG FAZHANXIA GAOXIAO JIAOSHI ZHUANYE FAZHAN JI KECHENG JIAOXUE PINGJIA YANJIU

著　　者	勾训
责任编辑	蔡宏浩
开　　本	787 mm×1092 mm　1/16
印　　张	6.75
字　　数	150千字
版　　次	2025年1月第1版
印　　次	2025年1月第1次印刷
出　　版	吉林出版集团股份有限公司
发　　行	吉林音像出版社有限责任公司
	（吉林省长春市南关区福祉大路5788号）
电　　话	0431-81629679
印　　刷	吉林省信诚印刷有限公司

ISBN 978-7-5731-5060-8　　　定　价　68.00元

如发现印装质量问题，影响阅读，请与出版社联系调换。

PREFACE 前 言

  课程是学校教育的核心要素与基本载体，课程理念、课程结构直接关系到人才培养质量。越来越多的教育工作者开始认识到，课程内容、课程实施和课程评价应当与课程目标相结合，"课程—教学—评价"是一种"三位一体"的关系，这三种关系的和谐能够给教师和学生一个清晰的认识，对达到教学目标和促进学生的发展都有很大的帮助。

  在实施新课程的当今，教师除了要提升自身的智能水平之外，还要持续提升与教学实践有直接关系的特殊能力，比如语言表达能力、教学任务组织和实施的能力、学科教学能力和对教师教学实践的认识有所提升的教育科研能力，持续提升自身的自我意识，让自己变成一个完整意义上的专业发展的主体，不断加强对专业发展的需求意识。自觉地将自身的专业发展状况与教师的专业发展状况进行对比，将对理想的专业发展转化为一种自觉的行动，并适时地对自身的专业发展行为进行调整，最后实现真正的、理想的专业发展，让新课程的执行效果得到进一步提高。

  本文首先对大学教师的专业发展做了简单的分析，主要包括大学教师专业发展的模式、途径和策略；着重对大学教师在实施教学设计、教学反思、教学评价、教育技术应用等方面的能力进行了探讨，同时关注课堂讨论技能、管理技能的提升。其次基于高等教育评价和高校课程的质量保证，探究了高校课程预评价体系、高校教学评价、教研科研评价体系、网络课程可用性评价的构建与实施策略。最后从评价目标、教师在评价中的作用、评价维度、评价结果的应用等方面，探索中国教学型高校教师绩效评价的模式。

  由于作者水平有限，书中难免有错误或纰漏，敬请同行们指正！

CONTENTS 目　录

第一章　教育高质量发展下的高校教师专业化发展 ················· 1
第一节　高等教育高质量发展 ······································· 1
第二节　高校教师专业化 ··· 6
第三节　高校教师专业发展的模式 ··································· 9
第四节　高校教师专业化发展的途径 ································ 14
第五节　高校教师专业化发展的策略 ································ 18

第二章　高校教师的教学能力及其培养 ···························· 25
第一节　高校教师的教学设计与教学实施能力 ······················ 25
第二节　高校教师的教学评价与教学反思能力 ······················ 28
第三节　高校教师的教育技术应用能力 ···························· 38

第三章　高校教师课堂教学技能提升 ······························ 45
第一节　高校教师课堂讨论技能提升 ······························ 45
第二节　高校教师课堂管理技能提升 ······························ 56

第四章　高校课程的质量保证 ···································· 63
第一节　课程体系的质量 ·· 63
第二节　课程的质量保证 ·· 75

第五章 高等教育评价 …………………………………………………… 81

第一节 高等教育大众化：人力资源与办学效益 ……………………… 81
第二节 高等教育评价导向的透视与反思 …………………………… 83
第三节 关于教育公平若干问题的理论思考 ………………………… 86
第四节 我国教育评价中存在的问题及对策 ………………………… 89
第五节 多元智能理论视域下新课改中学生评价主体的多元化 ……… 94

参考文献 ……………………………………………………………… 100

第一章　教育高质量发展下的高校教师专业化发展

第一节　高等教育高质量发展

一、经济社会发展视域下的教育高质量发展

教育高质量发展的本体论意义具有一定的局限性，往往需要并且只有在比较与关联中才能得到深刻的理解。在经济社会发展的视野中，教育高质量发展是把教育的发展放在一个更加宽广的经济社会发展的大环境中去阐释的一种追求和实践。

"经济和社会发展"这个词被广泛应用，但含义却很模糊。威廉·米尔伯格，《经济社会的起源》的作者，曾经说过："要想了解经济的变化，你就得了解它所依附的社会与伦理环境。"[1]

"经济"和"社会"两个词组成了一个带有"时代意义"的复合词汇。这就意味着，在当前被认为是协调一致的经济与社会发展，在一定的历史时期与一定的时间内，可能会出现分裂，甚至是矛盾与对立的现象。这是由于"经济发展追求效率，社会发展倡导公平，它们在发展动力、运行机制和测度准则上都有不同，因此在不同的历史时期对经济发展、社会发展及二者间关系的认知也有不同，进而造成一定时期内、一定区域范围内经济发展水平领先于社会发展水平（或者社会发展水平领先于经济发展水平），经济发展和社会发展间的不平衡、不协调现象成为世界各国面临的一个普遍问题"[2]。对于可能存在的经济发展和社会发展之间的不协调和矛盾，是否能够对经济发展和社会现状之间的不协调和矛盾进行有效协调，是一个值得关注的问题。

一般情况下，任何一种经济的发展，都必须建立在最根本的经济活动之上，否则，它将成为无本之木，空中楼阁。然而，经济活动虽然是为了满足人类自身的物质和精神生活需要而进行的物质生产及相应的交换、分配和消费，但其所带来的结果可能只是一种经济增长，即国民经济的规模扩大和物质财富量的快速膨胀，而不是以尊重人的幸福追求和多方面满足人的精神发展需求为目的的经济发展。在这种情况下，把重点放在提高人们的生

---

[1] [美]罗伯特·L. 海尔布罗纳，威廉·米尔博格. 李陈华，许敏兰，译. 经济社会的起源 [M]. 上海：格致出版社·上海三联书店·上海人民出版社，2012.

[2] 范柏乃，邵青，张维维. 我国经济社会协调发展的动态监测与政策支撑体系研究 [M]. 北京：中国财政经济出版社，2017.

活水平和满足人们的精神需要上的社会发展，就有可能同经济发展进行融合，原本各自独立的经济发展和社会发展，自然而然地就形成了一个整体。各国现代化进程的共同方向，使经济和社会相互依存，相互促进。我国的经济与社会的协调发展，就是指经济与社会两大子系统，它们在不断的发展与演变中，逐渐地构成了一个彼此之间的和谐关系，最终使得经济与社会的发展都受制于经济与社会的总体功能，以改善社会的福祉，推动社会的发展。①

当然，如果我们仔细研究一下"经济和社会的和谐发展"这个说法，就不难发现，它仍然着重于经济和社会的关系和结构。然而，如果经济和社会本来就是一个整体，并且相互协调，那么，关于经济和社会发展的目标、性质及阶段类型等，就更加值得讨论和解释了。在很早以前，就有国内学者指出，经济社会发展并不是要去满足人类不断增加的贪欲，也不是要去一味地以破坏生态作为代价去盲目地追求物质和财富的增加，它的终极目的是给自己、给他人和给子孙带去无限的幸福，因此，人类的幸福是衡量经济社会发展的最重要尺度。因此，我们相信，经济和社会发展的终极目标应该是最大的幸福，而非最大的利益或最小的成本。②

从当前的情况来看，"高质量发展"即"经济社会高质量发展"，已逐渐替代与之有关的其他词，而成了"高质量发展"一词。首先，人们一致认同"高质量发展"是指以满足人们对更好的生活需要为中心，实现高效、公平、绿色和可持续发展。③ 其次，对于高质量的发展，一般都是按照先后顺序、高低来进行定位与评判，本文提出，只有高质量发展才有可能实现高层次的发展，原有的"后发赶超"模式已无法适应新形势下的经济和社会发展需求。高质量发展是指经济的总量与规模增长到一定程度后，经济结构优化、新旧动能转换、经济社会协调发展、人民生活水平显著提升的结果。"高质量"意味着中国经济和社会发展正在发生着量变到质变的过程④。

在大多数情况下，倾向于从经济社会发展的角度来讨论教育高质量发展问题的言论和实践者，他们在思想上都认为，这一观念，起码是不能否认的，即教育是从属于经济和社会的。不管是有意识或无意识的，都要从经济与社会的发展中去寻找根据与支撑，这就是他们对于高质量的教育的第一反应。具体而言，从经济与社会发展的角度来看，高质量的教育发展主要表现为：

一是在宏观和微观两个层面上，提出了促进我国高等教育发展的战略导向；这既是对经济和社会高质量发展的要求，也是对教育高质量发展的回应重点和努力方向。这一新形势对我国高校改革提出了新的要求。"质量变革、动力变革、效率变革等经济高质量发展

---

① 范柏乃，邵青，张维维. 我国经济社会协调发展的动态监测与政策支撑体系研究［M］. 北京：中国财政经济出版社，2017.
② 孙希有. 面向幸福的经济社会发展导论［M］. 北京：中国金融出版社，2005.
③ 国务院发展研究中心课题组. 高质量发展的目标要求和战略重点（上）［M］. 北京：中国发展出版社，2019.
④ 国务院发展研究中心课题组. 高质量发展的目标要求和战略重点（下）［M］. 北京：中国发展出版社，2019.

的关键要素，也可以被移植到高等教育中。这并不是单纯的模仿，因为经济高质量发展所面对的问题和高等教育高质量发展所要解决的问题，也就是说，在需求端和供应端，有着很强的相关性。""主动应对发展环境的改变，重新定位发展目标，灵活地调整发展战略，这是每个大学都要深思的一个实际问题。"① 中国在全球经济一体化进程中，是否坚持以科技创新为动力的发展道路，将直接关系到其在全球范围内的未来与命运。部分学者指出，高等教育发展与经济社会发展密切相关，推动高等教育高质量发展既是顺应经济社会发展的实际需要，也是自身发展的历史需要。文化创新是高校教育的"灵魂"，人才培养是"命脉"，社会服务是"皈依"，科研是"源泉"。②

二是提出了"教育高质量发展"和"经济高质量发展"之间部分学者认为，高等教育的发展与经济社会的发展息息相关，促进高等教育高质量发展既是高等教育适应经济社会发展的实际需要，也是高等教育自身发展的历史需要。③ 同时，"社会是一个复杂的、多维的系统，它是由多个子系统构成的，每个子系统的相互关系决定着社会的总体发展水平"。高等教育作为一种社会系统，其发展水平与质量既受经济、政治、文化等社会系统的制约，也受其推动。④

教育的高质量发展是整个社会整体发展的基础和引领。要实现教育的高质量发展，就必须要有高质量的人才，而要想培养出高质量的人才，就必须要有教育高质量发展的支持。在国家现代化建设过程中，在高质量发展中，教育发挥着基础性的支撑和创新性的引领作用，从整体上看，为经济社会发展提供了有力的人力、人才资源保障，这是教育高质量发展的基本功能。与此同时，教育为经济社会发展提供先进科学技术和知识等智力支撑，可视为教育高质量发展的先导效应。当前，我国经济社会发展正处于转型发展方式，优化经济结构，转变增长动力的重要阶段，提高教育水平的紧迫性日益凸显。一些学者认为，高校就像一盏明灯，是新科技、新产业的摇篮。在新的历史条件下，高校教育与经济、社会发展之间的关系越来越密切，高校教育已经成为我国经济社会发展的"晴雨表"。⑤

三是把有关经济和社会高质量发展的论述、概念观和模式方法论引入到教育高质量发展的研究中，具体体现为"阶段"理论。"阶段论"是一种高度公认的关于经济和社会如何实现高质量发展的看法。当今我国经济社会发展的基本特点是：我国的经济和社会发展已经从高速增长过渡到高质量发展。"我们要将高质量的教育与经济发展相结合，深刻理解教育高质量发展是经济发展的必经阶段，符合经济发展的客观规律，这样才能更好地提

---

① 刘国瑞. 新发展格局与高等教育高质量发展 [J]. 清华大学教育研究，2021，42（1）.
② 张晋，王嘉毅. 高等教育高质量发展的时代内涵与实践路径. 中国高教研究，2021（9）.
③ 卢晓中. 基于系统思维的高质量教育体系构建与教育评价改革——兼论拔尖创新人才培养的系统思维. 国家教育行政学院学报，2021（7）.
④ 陈斌. 高等教育高质量发展：价值意蕴、现实境遇与推进策略. 重庆高教研究，2022（1）.
⑤ 刘振天，李森，张铭凯，等. 笔谈：高等教育高质量发展的系统思考与分类推进 [J]. 大学教育科学，2021（6）.

高我们推进经济高质量发展的自觉性和坚定性。"① 阶段论对经济社会高质量发展的诠释，对教育高质量发展的研究产生了深远的影响。与经济研究相比，教育领域的高质量的发展相对滞后。而经济学的前沿研究，也为我们对教育高质量发展的研究提供了一定的理论基础、思路和解释框架。②

在"经济和社会发展阶段"理论的指导下，我国基础教育已由"数量补差"和规模扩大的"外延式"发展模式向"高质量发展"转变。在改革开放之初，面临着"基础设施薄弱，学校数量少，质量低，师资匮乏，教学器材匮乏"的尴尬局面，"数量补差"的发展，自然而然地成了学校发展和建设的第一选择。在人才紧缺问题得到解决的情况下，为了提高效率，扩大规模是目前最有诱惑力的教育行为。在一段时间里，我们国家的经济、社会发展已由高速度向高质量发展转变。我们必须把优质教育和经济发展有机地结合起来，因此，质量取向自然而然地成了次色调。同时，在"经济和社会发展阶段"理论的影响下，也有人提出，随着我国高等教育由高速度增长向高质量发展转变，高等教育评价必须由"数量"向"质量"转变。在经济社会高质量发展的新形势下，推动高等教育高质量发展，既要满足经济社会发展的需要，也要对人的培养过程进行改进，提升人的教育质量，最终达到"更高层次的教育"的目的。最初的定量评价是我国高等教育发展的初期，适应并满足了我国快速发展时期的需求；高等教育高质量评估是其评价的一个高级环节，其目标在于深入挖掘高教发展的价值内涵，推动高教体系的构建。③

二、高质量发展的路径构建

所谓高质量发展，其实质是一种发展观念的转变，即由对"规模数据"、经济增长的思考方式转变为对经济发展的思考方式。尽管我国在经济领域中提出了要从"高速增长阶段"向"高质量发展阶段"转变，但是，社会各项事业的发展存在着一定的滞后。从经济层面的"高质量发展阶段"向高教层面的"高质量发展体制"转变，必须通过社会环境在结构上、行为上、价值标准上转变，形成一个"中介系统"，发挥其传导作用。换言之，片面地强调经济或者是高等教育的发展，都是不完全的，它还必须要通过整个社会来引起一系列的变化，才能真正地发挥出传导效应。

建设高质量的高等教育体系，是建设高质量的高等教育体系的核心。新的发展阶段，就是要根据现实条件，重新构建新的发展体系，用哈耶克的话说，"把现行的经济秩序看作是'历史阶段'，并且根据'历史规律'，能够预测未来可能出现的更好的体系"，这就是当时人们把它看作是科学精神的一种标志。④ 因此，我国高校应从自身的发展和高等教育的发展两个层面上来解决上述问题，使之实现资源的均衡配置。我国前期的发展模式是

---

① 高培勇. 深化对经济高质量发展的规律性认识 [J. 财经界, 2019 (25).
② 柳海民, 邹红军. 高质量: 中国基础教育发展路向的时代转换. 教育研究, 2021, 42 (4).
③ 王建华. 论高等教育的高质量评估 [J]. 教育研究, 2021, 42 (7).
④ 李海龙. 高等教育高质量发展: 理论错觉、现实挑战与路径构建 [J]. 江苏高教, 2023, (第3期): 39-47.

以规模扩张为主，但其目标是"集中精力办大事"，也就是资源的集中利用，迅速建立短期比较优势。产业结构变化、技术创新等因素，将进一步扩大机遇差别，造成部分高校"强者通吃"，进而造成不同层次、不同类别高校间人力资本价值差距扩大。要实现高质量发展，就必须要建立可持续优势，尤其要平衡好各类竞争机遇，减少大学之间的实力差距。"政府应该把重点放在激励、努力和竞争等可以提高生产率的要素上，而不是依赖于那些表面上看起来有效，实际上却会降低生产率的手段，比如补贴、联合研究和短期的保护主义。"① 此外，在通常情况下，人才培养的类型和办学特色都是围绕产业和技术发展的方向进行的，只有丰富了产业形态，扩大了各种技术的创新空间，才能体现科学研究与人才培养的特色。

此外，我国高等教育发展的短板与区域经济结构有很大关系，区域之间的人才培养差距是我国高等教育高质量发展中最迫切需要解决的问题。七普数据表明，在制造业和加工业占主导地位的地区，本科学历的比例并不高。尤其是在一些偏僻，人烟稀少，以农业区为主的地方，大学生学历更是少之又少。要实现高质量发展，必须以调整地区的产业布局与结构为前提，尤其是要实现由传统工业向新型工业的转变，同时要加大第三产业的比重。经济结构转型与人才价值提升具有内在的关联性，因此，在政策执行过程中，应实现产业结构与人才培养的协同创新。而从产业到经济的转变，形成了高校创新的行动路径。

新的发展观的确立，必须从人的精神生活、精神世界入手。长久以来，我们对发展的认识，仅仅停留在社会行为所产生的结果上，即，由政府主导或政策影响下的发展，具有更大的被动性。目前，对于高校发展质量的研究还处于测度与评估的阶段，"我们更多关注的是对质量定义与度量的哲学与技术的内在联系的探讨。这种辩论使我们在质量保障方面的工作陷入僵局"②。事实上，发展是一种以人和社会为基础的、以本能为基础的演化过程，熊彼特曾说过，进化是一种内在的变化，而不是外在的强制。③ 目前关于高等教育发展的理论，大都以其能够发挥的社会和经济作用为出发点，将其视为促进经济和社会发展的一种工具，而没有充分挖掘其内在的规律、形态和组织使命。新发展理论对高等教育制度形态进行了重新审视，并以其本质任务来传达新的发展观。事实上，高质量的发展不仅体现在物质层面，还体现在精神层面。曼海姆曾指出："将所有事物降至一种可衡量的程度，就要确定哪些事物是可以明确确定的，并且要深入地想一想，如果我们的心灵世界被外在的可衡量的联系所局限，那么，我们的心灵和社会将会成为怎样？"毫无疑问，这样的研究方式，是不可能洞悉社会真相的。④ 在快速转变的发展模式下，实现高质量发展，必须回归大众教化的理论构建。在知识获取的途径日益便利，在高校知识创新被企业替代

---

① 李海龙. 高等教育高质量发展：理论错觉、现实挑战与路径构建 [J]. 江苏高教，2023，(第3期)：39-47.
② （美）格威狄·博格. 毛亚庆，刘冷馨，译. 高等教育中的质量与问责 [M]. 北京：北京师范大学出版社，2008：5.
③ （美）约瑟夫·熊彼特. 何畏，易家详，等译. 经济发展理论 [M]. 北京：商务印书馆，2020：73.
④ （德）卡尔·曼海姆. 黎鸣，李书崇，译. 意识形态与乌托邦 [M]. 北京：商务印书馆，2002：45.

的年代，有助于个人明辨是非，人性趋向。"现在，我们已经不再是生活在一个相信本能为善的时代，我们需要理解善行背后的个人情绪和欲望，这就需要相应的启蒙、心智和人性的启蒙"。[①] 这就是说，评价高等教育高质量发展的依据应该是将人才培养的精神启蒙作为核心，为其提供有助于精神启蒙的知识资源，并丰富个体智识生活的形式和内涵。如果说先前的高等教育发展是对人的科学素养进行了启蒙，那么，高质量的高等教育发展则是对人的思想进行了启蒙，并以此为基础，扩大了全社会的交往空间。在启蒙中，我们需要培养的是公共说理的能力，需要建立一个更为广阔的公共精神空间，只有在整个社会的精神与知识层次上建立"发展质量观"，高等教育才能从精神层次上实现发展范式的成功转型。

因此，要实现高质量发展，既要实现高等教育的发展模式的转变，也要实现整个社会和经济发展的转变。在传统的理念中，人们始终不断地关注着高等教育质量，从政策制定到各种评估工具的运用，都是以提高高等教育质量为目标的，但是，这样的质量观是以发展成果和绩效质量为前提的，在资源配置和高等教育的产品供给方面都有很大的不足。构建高质量的高等教育系统，必须与产业结构转变相结合，并在此基础上，对高教的发展观进行适当的调整。在发展过程中，高校要建立以发展质量为基础的认识观念，使高校的各项活动能够与社会、经济的发展产生协同作用，从而使高校在新的发展阶段中获得更大的成功。

第二节 高校教师专业化

一、高校教师专业化的含义

《高等教育学新论》中提出，"教师专业化"是一种教师通过职业训练、终身学习，逐步掌握教育学领域的专业知识、技术，并通过自己的教学活动，逐步提升自己的教学水平，从而使自己成为一位合格的教育家。这个程序由三个部分组成，首先是专业技术。教学是一门专业性很强的职业，大学教师要有扎实的知识储备，既要有学科的专长，又要有教育学的知识，还要有相关的心理学知识，这样才能在教学中更好地发挥作用。其次是对这个职业的热爱。只有对自己所从事的行业有强烈的认同感，热爱自己的工作，对这份工作有着坚定的信念，才能为祖国的教育事业奉献一生。最后是在教学实践中积累了大量的经验。在学校里长时间积累起来的专业知识，归根结底还是要运用到自己的教育实践当中去，只有这样，我们才能在教学过程中不断地进行实践和思考，才能积累起自己的教育智慧，与时俱进。

---

① 徐贲. 与时俱进的启蒙 [M]. 上海：上海三联书店，2021：32.

二、大学教师的专业化发展需求

社会对大学教师的需求是一个不断变化的过程。但总的来说，大学教师应该具有如下素质。

（一）教学专业知识

教学专业知识是大学教师的一项重要核心能力，教师应该是一名教学专业人士，而且，这种教学专业知识与其他教育类型中的教师的教学专业知识有很大的区别。这就是大学教师在实施教育时，要把握好专业的需求，培养学生的道德品质，培养学生的知识素质和技能素质。要达到这样的教育目的，教师就需要与社会行业紧密结合，与时俱进，不断提高自己的教学水平。

这就要求大学教师既要具有丰富的专业知识，又要具有丰富的教育实践经验。此外，还要掌握先进的、行之有效的教育教学理论与方法，并对自己的教学能力进行全方位的提升。

（二）辅导方面的知识与能力

因为教育工作的专业特点，在教育工作中，除了学习指导外，还必须具备辅导方面的知识与能力。这些都是大学教师必须具备的。其中，教师辅导应具备的知识与技能主要有：

1. 老师应该对自己所从事的专业和该专业相应的工作流程非常熟悉，同时也知道职业技能发展的一般规律和个别规律，可以引导学生逐渐形成完整的职业技能。

2. 教师对辅导的基础知识有较深的认识，能根据要求开展工作，并能认识辅导与教学的相似性与差异性，将辅导与教学有机地结合在一起，并行不悖。

3. 老师要清楚学生的基本情况，承认他们之间的不同，尊重他们之间的不同。与此同时，要对学生在指导和咨询上的需求有充分的认识，可以以学生的需求为依据，采用差异化的指导与咨询的方法，并且可以持续地提升自己的交流沟通技巧与能力。因此，辅导工作必须建立在对其有足够认识的基础之上。

（三）提高自身素质

教师专业成长是一种循序渐进的过程。这就是一位教师，在其职业生涯的全过程中，依靠专业机构，经过终身的专业培训，获得教育专业的知识与技术，行使专业自主权，履行职业操守，不断提升自己的教学能力，最终成为一位合格的职业教育家，并最终实现由"普通人"向"教育者"转变的职业发展过程。

所以，教师专业化就是个体变成了教学专业的一员，在教学工作中变得更加成熟的一个转变过程。在这一过程中，教师的职业发展是其根本目的。这是一种终身学习的过程，也是一种不断解决问题的过程，是一种教师的职业理想、职业道德、职业情感和社会责任感都在不断成熟、提高和创新的过程。① 在这个过程中，不但教师的教育教学能力获得提升，而且其综合素质也会得到发展。

（四）研究和发展能力

教育教学与科研是紧密联系在一起的，教师科研与开发能力将直接影响到其教学水平、教学质量以及整个高职教育的发展水平。由于教师是一种特殊的职业，因此，教师不可能只是一名"教书匠"，而是要在这个领域中不断地探索，努力做到"行家里手"。因此，提高教师的科研与开发水平具有十分重要的意义。

所以，大学教师要持续地对教学内容和方法进行研究，在他们自己的专业领域进行研究的时候，应该有一个相对清晰的研究方向与目标，对有关的研究方法了如指掌，还可以对学校教育与社会实践之间所构成的关系领域中的关键性问题展开研究。

（五）社会和交往能力

在学校的日常教育与教学活动中，学校与各个行业单位之间，都会有紧密的沟通与合作。这就对教师的交际能力提出了更高的要求，这也是办好学校，培养高素质技术人才的必备条件。

教师的交际技能包括：

首先，必须熟悉高职教育的发展动向，掌握高职教育的定位和作用，掌握高职教育与其他组织和部门之间的关系，并对两者之间的协作要求有深刻的理解。

其次，要理解产业领域与教育机构之间的协作关系是可以建立、保持和发展的。

最后，要擅长在团队中工作，可以认识到他人的价值和作用，对各种合作关系中的多元化特征有较深的了解，可以了解并解决因持有不同意见而引起的观念冲突等。

三、高校教师专业发展的特点

（一）缺乏系统的培训

基础教育教师是指从师范毕业，具有较强的教育学基础，并在上岗前取得相应专业的教师资格证书。这一点与大学老师进入大学的门槛是完全不同的。大学教师的招聘门槛有两个：一是学历要高，大多数大学都要求新聘的教师要有博士学位；二是专业要匹配。而大学教师的职业资格证书，通常都是在入职之后，经过校内的岗前培训而获得。可以看出，大学教师在进入大学之前，没有经过系统的教育与教学知识的学习，更没有经过教育与教学技巧的培训。不可否认，大学教育是一种职业教育。

大学教师入职需要高学历和专业性，这是可以理解的。然而，这种招聘条件进入了

---

① 李毓秋，崔艳萍. 试论职业教育教师的专业化发展 [J]. 中国职业技术教育，2004（20）.

"高学历不等于高水平"的误区，忽略了教师的教学专业素质，必然会造成教学质量的下降。这就使得大学教师在职业发展的起点上，相对于基础教育阶段的教师而言，具有先天的劣势。

（二）对科研能力的重视

科研是大学教师专业特性的一个重要标志。从 19 世纪开始，科研工作在大学中被确立为一种特殊的功能，这使得科研工作逐步成为大学教师的一种主要工作。所以，大学教师的专业成长一般都是以教育、教学与科研为主线的。在中小学，老师所教授的都是一些已经被社会所认可并被固化为科学成果的基础知识。中小学教师开展的科研工作，主要集中在提高教学质量，准确掌握学科知识。中小学教师只有把更多的精力投入到教学中，才能为自己的职业生涯找到一条新的道路。而在大学里，老师们讲的都是深奥而抽象的学术问题，涉及一个学科的发展，各个学派之间的差异，乃至某些有争议的观点。大学教育是一种学术研究的过程。大学教师如果没有较强的专业素养，就不可能把一些高深的学术问题讲得通俗易懂，当然也不可能胜任大学教育工作。为此，大学教师在提高自身教学水平的同时，也要重视科研能力的提高。

（三）具有较高的职业独立性

教师的专业自主性意味着，教师可以根据自己的专业知识和能力，在自己的专业任务或工作中，进行专业的判断，而不会受到非专业人士的干涉。与中小学教师相比，首先，高校教师所拥有的专业知识更加丰富、系统和完善，这有助于他们以自己的专业知识为依据，对其专业事务进行判断。其次，大学教师拥有自己的专业知识，可以在某一学科中成为一名"专家"，这种"师"与"学"的双重身份使得他们在自己所处的行业中拥有更多的话语权。所以，大学教师的专业发展更多的是一种内源性发展，它将教师的自我发展意识和内部需求作为驱动力，并与外部目标相结合，制订发展计划，选择发展路径，对发展过程进行监控，从而使内部价值与外部目标相融合，最终达到发展的目标。

第三节 高校教师专业发展的模式

本文在总结国外一些国家和地区大学教师专业化发展的实践基础上，总结出了中国大学教师专业化发展的四种主要模式。

一、平台支持的模式

高校教师发展的平台支持模式，主要包括教师、教学发展中心、学科专业发展平台、教学学术共同体、项目平台等，它们以搭建平台的形式来推动教师发展的途径和操作方式。

（一）教研室

"教学中心"等机构的建立，是欧美发达国家大学机构改革与发展的产物。尽管名称可能各不相同，但是它们都从制度设计上保证了对教师和学生的教育成长等物质的制度保障。

在我国，教师教学发展中心刚刚成立不久，它的职能与一些原先在人事处、教务处等部门所担负的职能还没有明确地区分开来，即使是独立设置的机构，因为传统的惯性以及中心的影响力还不够强，要想得到认可并承担起相关的职能还需要一定的时间。所以，在发展之初，若能以统合方式进行将会是一种较佳的方式。这些组织还是各种教学评估委员会、督导委员会、职称评审委员会等组织的常设联络机构，承担着对全校教学质量的保障和监测、教学改革的推动和组织、教师工作的评价等职责。

（二）建立一个学科发展的专业平台

学科专业发展平台作为教师成长的重要方式，必须打破"学科即研究"的思维，制定相关的政策，建立一系列的制度，才能更好地为教师提供能够充分发挥学者作用的平台。例如，通过频繁的国外访问、国际交流，和学科间的交流，促进课程建设，提高教师的专业能力。例如，有些大学针对每位到国外访问的老师，都制订了"五个一"计划，即：认识一位国际著名教授，参加一次国际学术会议，发表一篇外国论文，带一门国际前沿课程，建立一条专业交流的通道。并通过政策上的扶持和制度上的保证，让老师们既能表现出对自己专业的忠诚，又能与自己的学校互动，从而逐渐形成并提高对学校的忠诚，也就是对自己的人才培养事业的热爱。

（三）教育和学术的共同体

这个平台的目的是让老师们能够在不同的教学活动中参与到不同的创造性教学活动中去。例如，中国海洋大学构建了校级"精品课程教学观摩行动研究"系统平台，试图挖掘精品的课堂教学特征，"析法""论理""激思""研教"，促进青年教师对自身的教学进行反思，提高的反思性学术实践能力，从而使教学理论的发展在教学实践中得到凸显。

这个平台还可以在学院层次上搭建一个网络教学论坛，邀请相关的老师参加到论坛中，并对老师的教学和学生的学习等方面的心得进行交流，成为同行之间进行讨论和反思的催化剂，从而促进学院教学学术共同体的发展。在高校层次上，构建教师专业成长共同体具有十分重要的意义。1986年，美国学者指出，在教师的教学活动中，除学科知识和常规教学知识之外，还需要开发一种新型的"个性化内容知识"（PCK），即"教师个体教学经验、学科内容知识以及教学方法的独特结合"，它是"教师所能使用的最有效的知识表达方式"。本研究的目的是让教师们互相探讨，互相学习，取长补短，积累经验。[①]

[①] 尚蕊，王景聚.PCK与新教师的专业成长［J］.中学物理（高中版），2018，（第8期）：18–21.

(四) 项目的平台

项目也属于一种平台，它指的是大学教师所熟知的一种研究或实践方式，指的是为某个目的而进行的工作，比如教研项目、科研项目、教育部质量工程项目中的教学团队建设等。

在我国，通常情况下，高校都会在教学管理部门建立起教学基金项目制度，并鼓励教师进行教学研究与改革，具体内容包括课程改革、教学法研究、教师和学生研究等。研究的结果，要么以论文的形式，完成对教学改革的经验总结和反思，要么固化成新的教学内容、教学课件、教学模式和方法等。但是，这类教学基金项目在实施的过程中，还需要有明确的目标和针对性，并致力于建立一个教学学术共同体，通过提供专业化的指导和帮助进行完善。

二、培训指导模式

教师发展的培训指导模式，主要包含了教师的入职培训、教学督导、教学评估等以主题形式组织的培训，以及对教师发展路径、操作方式的指导性。与以"平台"为支撑的教学模式相比，"辅导"教学模式在教学过程中更具针对性，更能体现出教师专业成长的目的与作用。

(一) 入职培训

入职培训也就是所谓的岗前培训，指的是将新补充到高校从事教育教学工作的人员或其他人员作为受训对象，对他们进行初步的职业适应性培训。

在我国，高校的入职培训基本上是根据1997年的政策文件来进行的，新老师们需要学习不少于110学时的理论课程，其中包括高等教育法规、高等教育学、高等教育心理学和高等学校教师职业道德四门教育理论课，其主要形式是集中授课。然而，目前我们还停留在对教师进行管理、建设的传统思维上，还没有形成一套能够充分发挥教师主体作用的长效机制。怎样才能把集中培训与个性化、丰富的学术活动指导相结合，使新教师能够更快地融入大学的组织之中，并在实际操作过程中，对教师职业的基本规范和要求有一个清晰的认识，从而能够在教学过程中互相帮助和支持，构建学习共同体范式。

(二) 教学督导

我国高校也组建了一支具有自己特色的、有别于其他国家的教学督导队伍，到目前为止，它已经成为我国高校内部质量保障体系建设中一支不可缺少的力量。它通过广泛的调查、督促、检查、评估、指导、咨询等活动，对教师和教学的发展起到了推动作用，并最终推动了学生的成长和发展。它的工作方式多种多样，主要有日常听课和督导，专题研究和督导，教师评价和咨询，课程评估和指导。尤其在对教师进行个别培训、辅导时，起到了"传帮带"、专业辅导的作用。

作为一种较为传统且普遍使用的方法，教学督导可以让教师得到有关教学的建设性意见，把它转变成教师发展与教学促进的专业服务，定位成一个教育与教学发展者，这是一条行之有效的途径。

（三）评教

目前，在我国各大高校中广泛开展的课程评估或教学评估，或者是为了推动课程体系和专业的建设，或者是为了对课程质量和教师的教学水平进行评估，从而推动了人才培养方案的落实，提高了人才培养质量，因此成为高校质量工程的重要组成部分。这样，评价就能促进教师和他们的教学水平的提高。

《国家中长期教育改革和发展规划纲要》是2010年发布的一项重要文件。2011年，教育部发布《教育部关于普通高等学校本科教学评估工作的意见》，明确了基于高校自身评价、院校评价、专业认证与评价、国际评价以及对教学基础数据进行常态化监测的高校教学评估体系的顶层设计，对我国高校本科教学评估体系的建设具有重要意义。2012年初，教育部发布了《普通高等学校本科教学工作合格评估指标体系》和《普通高等学校本科教学工作合格评估实施办法》，新一轮的评价工作已初步确立，但目前仍存在一些问题，亟待解决。在这种发展性指导模式中，教师所获得的专业知识，不再是集中培训时的知识条目和枯燥的理论，而是鲜活的案例和经验。尽管存在着缺陷和遗憾，但也会激发出发展愿望和新需求，这对促进传统的以"教师—教材—教室"为中心的教学模式向以"学生—经验—活动"为中心的现代教学模式的转型有很大帮助。

三、自主开发模式

教师自我指导、情境学习、创建"学习档案"是教师自我发展的重要途径。它与平台支持、培训指导等模式的区别是，教师不再是被建构、被发展者，而是一种主动的自我建构、发展的主体。

（一）自我指导

教师的自我指导指的是个人对从事教师工作的感受、接纳、肯定，并将会对其教学行为和效果产生重要影响的心理倾向，它是教师自身发展的内在主观动力。在自主教学的发展道路上，教师的个人素质起着至关重要的作用。

教师应制订一份个人发展规划，其中包含个人发展的目标、原则、策略及活动，以及所需要的资源及将来的规划。自我指导的专业发展有很多种方式，具体有以下几种：与同行共同进行学习和讨论，加入一支教师的研究团队，参加学术会议、教学工作坊，进行课堂改革项目，参与课程开发，利用网络进行资源开发等。自我指导型培养有利于提升个人对职业发展的责任感和动力。

(二) 情境式学习

在大学里，教师可以通过多种方式进行情境学习：一是在大学里，教师可以通过建立教师和教学发展中心，定期举办各种形式的教育教学研讨会、报告会和工作坊来进行情境学习。二是各学院都有自己的专业发展计划，有自己的团队，有自己的课程。三是网络资源与学习渠道的日益丰富，以三个最大的网络平台的出现为标志，大型在线网络课程的快速发展，汇集了众多世界一流高校的课程，给高校以及高校的学习模式带来了极大的冲击，这既为教师实现终身学习，又为教师与学生的共同成长提供了新的契机，同时也为学生的自主学习与成长提供了新的契机。

(三) 编制档案袋

档案袋和电子档案袋作为一种被广泛应用的质量评估方式，因注重评估的发展性和反思性，对推动教师进行"有结构"的自我反省和自我发展起到了积极的推动作用，已成为一种重要的职业发展方式。

在我国大学教学工作中，也存在着大量的文本文件，例如：专业设置、课程体系、教学大纲等。教材类：包含教材及教学参考书目等；教学计划，包括教学计划、教学进度表、教案设计等；教学流程，包括授课笔记、多媒体课件、教学视频等；成绩评定，包括命题、评分、报告、成绩报表等。将这些陈列性材料与对教师自身成就、风格、态度、价值观等方面的个性化描述相结合，形成记录和反思教师专业成长和发展的档案袋，并不断更新，从而推动教师的自主发展。尤其是电子文件夹的应用，对于提高教师的信息化素质，促进现代教育技术的应用具有重要意义。

四、混合式生成模型

在此基础上，本文提出了一种"混合生成"的教师成长模型，即"专业社团"模型与"网络"模型。"混合生成"教学模式由于在教学中起到了平台的作用，能够获得专业的指导，同时也为教师自身的成长创造了方便的条件，因而在教学实践中受到了广泛的关注，并取得了良好的效果。

(一) 行业协会

行业协会对专业人才的培养起到了积极的促进作用。在国际上十分积极地促进教师专业化发展的如：高等教育专业与组织发展协会、国际教育发展联盟、教师与教育发展联合会等。他们的共同任务是保护他们的成员的权利和为他们提供相应的服务，目的是促进教师、教育机构和高等教育的发展，尤其是他们在世界范围内组成的多样化的成员，加快了世界范围内教师和教育的发展。这三个职业教师发展学会都是以定期举行国际会议和出版会刊的方式，组织各种研讨会、培训班等活动，为职业教师发展工作者和研究人员提供交流经验和展示成果的平台。就协会的组织决策和管理方式而言，它采取的是委员会制的管理方式，而不是实行终身制，这充分体现出协会的民主精神，让所有的成员都能享受到平等的发展机会，同时还能培养他们的职业精神。

中国教育学会下属的国家师资教育委员会、中国高教学会（CIE）及其分会等在国内具有较大的影响力，近年来举办的多个学术研讨会均以大学教师发展为主题，对大学教师发展行业协会的建设具有重要意义。尤其是提高社团的国际影响力，完善社团的组织与管理的民主化，对促进大学教师的专业发展具有重要的意义。

（二）网络模式

网络作为一种新型的组织形式，其对促进教师专业发展具有重要意义，尤其是欧美等互联网技术高度发达和普及的发达国家，已开始关注其对教师专业发展的促进作用。

自20世纪80年代以来，我国已经逐渐形成了在教育部指导下，以两个全国中心为龙头、六个大区中心为骨干、省级中心和重点大学的重点学科为培训点的三级高校师资培训网络体系，起到了"师资培训、组织协调、研究咨询、交流信息"的作用。

在全国高校教师网络培训中心，主要运用的是数字化和网络化技术，将培训网站作为载体，以全国高校教师网络培训省级分中心和城市分中心作为支撑，进行高校教师培训工作。未来，各网络系统与机构应由"教师培训"向"教师发展"转变，以更广泛、更生动、更便捷、更及时地发展计划，以适应教师多样化的发展需要。同时，越来越多的大学教师专业发展中心也可以组建成网络联盟，实现信息资源的共享，从而实现对教师专业发展的共同推动。

第四节 高校教师专业化发展的途径

一、教师专业发展条件

教师职业具有自己特有的职业要求与培训系统，例如：对特定学历的要求、经过特殊培训而获得的专门的教育教学技能、特殊的职业道德以及与之相适应的职业资格。它的专业特征决定了它是一种"学习性"的职业。教师的职业成长是一项终生的工作，它既要有政策上的支持，又要有制度上的支持，更要有实际操作上的环境保障。

从微观层面看，高校教师的职业发展离不开政府的相关政策和制度的支持。国家对取得教师资格的方式、方法进行了详细的规范，确认了教师工作的特殊性，也是教师在实际操作中进一步细化的重要的环节，从宏观上保证教师专业化的发展。在现实生活中，教师的职业成长有赖于师资培养体系的正规化。教师教育标准，教师教育课程标准，教师教育机构资质认证制度，教师准入制度，教师教育的质量标准与评价制度，为教师的专业化发展奠定了坚实的基础。通过这些法律、行政措施，进一步健全了我国的教师培训工作体制，为大学的师资力量和教师的专业化发展提供了有利的体制条件和有力的政策支撑，从而使得我们的教师队伍无论在数量还是质量方面都取得了历史性的进步。

从微观角度看，由于自身的开放与协作特征，其发展受到了较大的影响。这不仅是一种个人的行动，更是一种集体的行动。学校是教育的地方，它既为学生提供了学习的环境，也为学生提供了教育的资源，为学生提供了成长的土壤。所以，学校应该为教师建立学习与学习相长的生态环境以及发展运作机制，让老师们可以在这个有学校支持的平台上，充分地发挥自己的个人创造性，在群体认同和团队合力的过程中，学习用科学的方式探索教育教学的规律，并对自己的教育教学行为以及别人的经验展开深入研究，进而让他们能够进行合理的思维，并持续地对自己的知识、能力与经验展开反思，最终实现发展自我、提升素养、促进专业发展的目标。

在现实生活中，教师的专业化发展是一种有意识的职业活动，因为他们的专业素质是在自己的实践中产生的，他们从对自己知识的积累到对自己的认识的发展，对自己的感情的丰富和加深，都需要在一个不断变化的教育和教学情境中进行思考、领悟、内化和提高。在其一生的教育过程中，要不断增强自己的内在动力，不断拓展自己的发展空间。从一名刚刚踏上课堂、还处在适应期的青年教师，到一名处在成长发展期的中青年教师，再到一名具有丰富经验、专业逐渐走向成熟的研究型专家教师，这是一段很长的成长历程，这段历程中，学生们要在实际的教学活动中，用持续的实践反思来发现并构建理性知识，从而积累起教育实践智慧，最终形成教育教学能力。这需要加强对自身发展的认识，并在工作中不断提高自身的素质和水平。

二、教师专业化发展的实现途径

（一）立足于时势，实现对教师职业发展观念的更新

21世纪将会是一个以知识为中心，以信息为中心的时代。随着学科的不断发展，各学科之间的深度融合，学科之间的联系越来越紧密，这就需要加强对学科的研究。随着科技的进步，以及电脑网络的广泛应用，人类的生活与学习模式发生了变化，人类能够不受到时间与空间的约束，自由地获取大量的文献资源，并获得所需要的材料与信息。可见，在这种不断更新的知识与信息传递模式下，学校与老师的角色与思想都发生了巨大的转变。传统的以教材为主、粉笔为辅的单一的知识灌输式的教育方法，已经不能满足现代教育的发展趋势，也不能满足学生对知识的需求。

在面临这种挑战的时候，学校应该从职业素质和从事教育教学的能力等方面，对老师们提出一些明确的责任要求，让老师们能够摆脱落后的教育理念和心理定势，从而树立起符合时代需求的发展理念和发展目标。与此同时，各学院应该制定出一套行之有效的激励机制以及督导制度，来对老师的专业行为进行规范，将老师的专业发展作为学校和老师都十分重视的问题，让老师能够更好地发挥自己的作用，让自己的专业发展更上一层楼。

（二）立足于学科建档，加强对教师自身成长的认识

职业生涯档案是一种对职业生涯的记录与见证。以终身学习理念和可持续发展观为基础，把对教师进行过程管理和对教师进行绩效考核作为主要目标，对教师进行规范、监督、发展、激励。各学院可以建立老师的职业发展文件，以增强老师的职业发展意识和责任心，指导老师制定长期的发展目标，制订自己的职业发展规划，并选择与之相适应的发展策略，让老师的职业发展既有目的性又有方向性，并且可以形成一种自觉的行动。

在专业发展档案中，包括教师个人的长期发展目标和短期发展规划，还有年度考察情况、教师的继续教育情况、学年教学任务完成情况、科研成果和社会服务记录等内容。在这些方面，对教师进行持续教育是必不可少的，主要表现在：对教师进行了职业生涯或岗前培训，进行了短期进修和有针对性的自学，参加了各种学术交流活动；教学工作是教师职责中最重要的一部分，具体内容有：每一个学年的课程开设及课程教学计划、教学改革方案与实施、每门课程的期末或学年的评价方式及结果、课程以外学术报告的提供情况等。科研工作是提高教师素质的唯一途径，科研工作的内容主要有：课程开发，课题研究，论文发表，各类奖项和其他成绩；学业指导和社会服务也属于教师的责任，其中应该包括教师参加学科建设的情况、在师资队伍建设中的传帮带作用的发挥、学生学业指导或实践活动指导、院系其他活动的参加记录等。

在资料库的累积中，老师可以通过资料库来检讨自己的成长计划，检讨目标达成的进度，以及调整成长策略。档案馆的建立，要求每个老师要与学院共同努力，对各种辅助资料、原始资料进行补充。完整的学生档案资料，可以直接用作发展评估与晋升的基础，也可以用作选择优秀教师的参考。

（三）借助信息化建设支撑教师专业化发展的网络化平台

信息技术的发展为高校教师的专业成长创造了良好的环境。在这一过程中，师范院校要走在第一位。在此基础上，提出了构建基于"数字校园"的教师职业成长网络平台，为其建立一个"虚拟"的学习共同体。网络平台可以包括各种模块，比如：名家讲坛、教育理论探讨、教学经验交流、课程教学视频点播系统（包括精品课程、教学示范案例、课件制作辅导、多媒体运用技巧等）以及诸如职业道德论坛、文学艺术欣赏、传统文化、素质教育等在线教育资源。教师可以在任何时候任何地方找到自己想要的信息，丰富自己的文化底蕴，构建多元化的知识体系。教师还可以发表自己的教学见解，点评教学案例，表达自己的教学感情，或者在某个问题上引起更深层次的思考。

伴随着信息化时代的来临，信息技术对教育的影响日益突出。信息素质已经是一种不可或缺的智力成分，也是一种科学素质的重要依据，信息素质包括信息意识、信息知识和信息能力三个方面，也就是运用现代技术手段获取信息、解决问题的意识，并在现代信息技术的条件下进行学习和工作的能力。所以，对信息进行及时准确的掌握，以及对信息进行科学、高效的使用是对教师的要求。构建校园网络资源，为教师们的专业发展搭建了相

互沟通和帮助的平台，让教师们可以跨越时间和空间的局限，走进教师学习共同体，了解教育发展态势，关注学科研究前沿，拓宽教育教学视野，探索高等教育规律。

（四）以教研活动为载体，对教师进行教育与教学的实务技能与素质的提高

教师的职业发展应重视对教师的培训和实践。根据学校的实际情况，结合学校自身的实际情况，对学校的发展提出自己的看法。教育科研是教育科研的一项实践活动。研究的开展以教育教学实践为基础，利用实践教育理论，以开放的心态，对学校的教育教学活动展开反思，并有创意地提出并形成可行的方案及对策或建议。通过这样的学习，可以搭建起一座将教育理论和实际联系起来的桥梁，为老师们提供了一条更好的方法去掌握和解决一些具体的教育问题的途径，帮助老师们在众多的教育教学案例中获得知识，形成理念，提升自己的教学能力。

高校可以根据自己的实际情况，以自己的专业为核心进行教学研究。此外，还可以按照教师自身的发展规律和特征，来进行研修活动，让教师能够建立并维持持续学习的愿望和能力，从而提高他们参加教育科研和教育改革的动力和使命感。例如，新进的老师，他们需要外部的支援与引导。对其进行统一的训练，并对其进行个人辅导，帮助其掌握每一个环节，使其尽快适应新的角色。可以通过命题讲座、小型说课、教案示范、观摩课的点评、课件制作展示等方式，给新教师进行直接的教学体验和决策的培训，来弥补他们在教育方面缺乏的缺点，让他们能够更快地将所学到的东西转化成自己的实际技能。个体指导可以采用导师制的方法，进行有针对性的专业引导，也就是挑选出一些资深的老师，来指导他们工作一学期或一学年，利用老师的教案指导、随堂听课、对话式问题诊断、督导检查等方法，让他们能够更快地适应教学的常规性工作，完成新角色的转换。处于成长阶段的中青年教师要注意更新自己的知识，反思自己的教学行为，总结自己的经验，提高自己的技能，努力克服自己的"竿台状态"和"高原现象"，实现由经验到科研的过渡。对于这一阶段的教师，可以通过教学研究、经验交流和命题研讨等方式，激发其进行教学反思培训，从而提升自身觉察水平，发展意识，提升教学能力。处于职业成熟阶段的学者或专家，他们具有深刻的学科教学体验和独特的观点，拥有丰富的教学实践和丰富的科学科研成果。这一类型的老师要注意到自己的教学方式、学习者的个性差异、学生的情绪需要，要善于运用自己的教育方式和技能，做好对自己的知识的教授和学习的引导，充分利用自己的资源和能力，做好对年轻老师的专业指导。通过对专业问题的讨论和教学问题的探究，可以使我们的教学成为一种"引导—经验—互助—学习—进步"的发展方式。

（五）以科研项目为平台，提高科研人员科研水平

教师的职业成长依赖于其在教育与教学中的经验和对科研的探索。教育与教学工作的开展离不开理论的引导，大学教师在科研工作中应具有的素质与能力。教师们都有自己的科研领域和学科的侧重，而且每个人都是比较独立的。这就需要各学科、各系从管理体制、激励机制、资源配置等多个角度营造研究工作的有利条件，以提高研究人员的工作热

情；与此同时，应该自觉地对教师的资源进行组织和整合，构建出一支多学科的研究队伍，形成相互支撑、优势互补的协作文化，以此来拓展研究空间，拓宽研究领域，促进教师的研究创新。通过不同学科之间的相互渗透沟通，更好地促进跨学科的发展，并培养出了一种新的教学理念。

本项目的研究应与学科特点、教学实际相结合。我国高校在步入大众化后，存在着一系列具有共性的问题，例如：转型时期的师范生教育师资培养模式，为适应经济社会发展而调整专业结构，大众化背景下的人才培养模式，以及构建研究生教育质量评价系统等等。这样一些具有较强针对性的问题，能够提升老师们的学习热情，增强他们学习的动力，其成果从整体上看，将有助于推动高校教学改革，促进人才培养；从微观上看，将有助于促进老师们的知识与教育专业之间的知识与能力的结合，并促进他们现代教育观念的形成。通过探索，可以构建新的知识体系，提高自身的素质与能力，从而达到一个良性的发展周期。

在我国高校迅速发展的今天，高素质教师的培养已成为社会关注的焦点。教师职业发展已经成为社会、学校以及个人所关心的重大问题。当前，在我国，教师的培训机制正在从封闭导向的方式逐渐转向开放的、多样化的方式，而在此过程中，教师的培训方式也从一次性职前教育和职后学历补偿，转向了将职前与职后培训相结合的终身学习与专业发展。教师的专业化发展是从其个人的专业化发展意识开始的，它立足于其自身所处的有利的成长条件，受惠于健全的校园教学科研文化，以及一个终生的专业实践和自我发展。所以，学校和学院要尽力创造出一个对教师专业发展有利的环境和气氛，构建出一套长期有效的激励机制和评估督导制度，强化对教师专业理想、职业信念和职业道德的教育，并对教师进行专业发展意识的指导和培育，让教师把自己的发展规划作为目的，把专业知识作为基础，利用专业知识，进行针对性的自学和集体研修，让自己逐渐走向专业成熟，实现专业自主。

第五节　高校教师专业化发展的策略

一、高校教师专业发展的制度保障

（一）制定教师专业培养标准

建立大学教师职业发展规范，对大学教师职业发展具有一定的指导作用。通过对《职业生涯规划》的分析，可以使教师在对照《职业生涯规划》的过程中，找出自己的缺陷，进而制订出自己未来职业生涯规划。当前，在全国范围内，对大学教师的培训水平仅是几个基本的规范，比如《高等学校教师职务试行条例》中的第8条，"大学教师应当具备优良的职业操守，遵纪守法，以身作则，以身授业，以德治国，以德治学，全面熟练地履行本职工作，主动担当起本职工作的责任"。《高等教育法》第47条：大学教师应当具有较强的专业知识，具有较强的教育、教学、科研水平。这一类型的专业人才的培训标准缺乏规范和科学，使得老师们难以将自己的成长与培训标准进行比较，所以，高校的管理者需要制定出一套统一的、细化的职业人才培训标准，才能使职业人才的质量规范化。

在理论研究方面，有学者根据高校教师专业发展的目标和要求，将教师资格认证标准分为4个层次，20项基本要素，88项具体指标，在这四个层面上，20个基础因素为：①职业素质与态度：政治思想素质，专业素质，评价反思，终身学习；②专业知识，其中包含一般文化知识以及专业知识；③职业素质：语言表达，行业联系，预测，课程开发，教学设计，实施，研究，评价，协调，合作，职业发展等方面的素质。④职业职责方面：保障工作场所的卫生安全，维护学生的心理健康，保障学生的平等参与，培养学生的社会责任感，引导学生的职业发展。

（二）建立一套关于教师职业成长的评估制度

基于"教师职业素养"的教师职业发展评估制度，既体现了"以学生为中心"的特点，又能有效地促进教师职业发展。然而，目前国内大学的各项评估制度，几乎没有站在大学教师的专业成长层面上进行考虑与实践。因为评估制度对大学教师的职业发展具有长期和深刻的作用，所以，构建一套适合大学教师职业发展的评估制度，是大学教师职业发展指导的重要途径。在构建我国大学教师职业发展评估制度时，主要关注如下问题：

首先，从评估观念来看，奖励和惩罚型的教师评估侧重于教师的工作表现，而发展型的教师评估侧重于教师的职业成长。一方面，教师奖励与惩罚的激励作用较大，所以在建立教师职业发展评估系统时，应适时地将奖励与惩罚的思想融入到教师职业发展评估系统中，以提高教师职业精神和教学质量；另一方面，对于发展性的教师评估而言，可以使其更好地认识到自身存在的问题，并提供相应的对策，从而促进其自身的发展。它是对教师职业发展的一种重视，是对教师人性化的一种表现。为此，在建立大学教师职业发展评估制度时，既要考虑到奖励与惩罚的双重作用，又要考虑到发展性的评估。

其次，在评估方式上，一是因为各个时期的大学老师的专业发展需要和特征是不一样的，所以我们不能用一个统一的评估标准来要求每一个老师，而是要针对每个时期的老师的专业发展着眼点，制定个体化的评估标准，专业发展目标，以及学习方案。二是，因为教师的专业发展是一个逐步进行的过程，所以不能把每一步的评估成果都进行隔离，而是要将每一步的评估成果都进行关联，从而形成一种动态的、可持续发展的全流程评估。为此，在建立大学教师职业发展评估制度时，应同时考虑到两个方面：一是阶段评估，二是全过程评估。

从课程评估的角度来看，现有的评估制度还存在着两个问题。一是注重对研究结果的评价，忽略了对研究结果的评价，造成了对研究结果的片面追逐；二是在评价指标方面，过于注重量化评价，忽略了质化评价，造成了科研人员在短期之内发表了很多低水平的科研结果。所以，要建立起以科研项目、科研经费、论文、论著、专利、获得奖励等科研成果的数量，作为教师职务任命和晋升的重要依据。要对高校教师的专业道德品质和教学绩效进行明确的规定，并以教师专业培养标准为基础，对考评指标进行细化，从而指导广大教师主动提升自己的专业素养，实现教学、科研两条线的协同发展。

二、加强对大学师资队伍建设的组织保障

（一）实行导师制与助教制

在本质上，导师制与助教制是相辅相成的两个层面：一方面，师德高尚、学识渊博、经验丰富的老师作为引路人，以"结对"的方式，对年轻教师展开全面的辅导；另一方面年轻的老师们则以辅导员的身份参与到指导老师的教学活动中来，协助老师完成教学任务，帮助老师完成作业。该模式具有较强的针对性，较高的效率，较灵活的方式，还有助于达到导师与助教之间的共赢，所以，导师制和助教制是一种可以缩短大学年轻教师成长时间，加速教师专业发展过程的一种行之有效的方式。

在实践中，由于以下两个因素，导致了导师制和助教制的优越性没有得到充分的体现：第一，从理论上来说，关于导师制和助教制的理论研究还欠缺，在教师指导的内容、指导的方式、制度的保障机制等问题上都缺少了系统性和科学性的研究。第二，在我国大学的师资队伍建设中，由于导师制和辅导员制的责任和权利不明确，导致了两者之间权利义务、责任和考核等方面的矛盾。

要想实现导师制与助教制并行推进，一是要强化两项制度的基础理论，弄清"如何导"与"导什么"的核心问题，二是要建立起一套行之有效的制度保证体系，这样才能将导师制与助教制有机结合起来，才能更好地推动两项制度的制度化、规范化。其次，要在师资队伍建设中，对导师与助教的责任进行界定，以减少二者之间的相互矛盾。在此基础上，大学应当为每个新的老师都配置有丰富的教学经历和教学科研水平的指导老师，并为他们制订专门的培训指导方案，全面系统地指导他们的专业道德的培养、专业知识的积累和专业技术的提高。同时，作为"助教"的新老师，在辅助"导师"工作的同时，也能和"导师"建立起紧密的关系，从"导师"那里得到关于自身职业发展的战略意见，以及在教学和科研中解决某些实际问题的办法和办法。新的老师可以有一段比较平稳的时间来积累自己的专业知识和教学经验，为他们今后的教学和科研工作打下很好的基础。为了保证这两项制度的落实，必须要有一套完善的监管和评估体系，指导老师要对新老师在助理阶段所做的教辅工作进行评估，也可以对听课笔记、工作小结和其他教学工作的完成情况进行评估。不符合条件的，要适当增加他们的辅导员工作年限，防止导师制度与辅导员制度流于形式。

（二）改进教学竞赛模式

通过一系列竞赛，激发了教师们的学习热情，促进了他们的学习，使他们的学习能力得到了很好的提升。根据目前存在的问题，我们应从四个方面着手，改进当前的教学竞赛

模式，从而更好地为教师的职业发展服务。

1. 强调竞赛筹备阶段的重要性

目前，老师们的讲座竞赛只是一种竞赛，人们更重视竞赛的结果，忽视竞赛的过程。竞赛的筹备工作大部分都是老师们自己做的，他们的主要目标就是给学生们上一节精彩的课，而不是上课。其实，在课堂教学中，授课竞赛的筹备工作，才能更好地帮助老师们找出问题，做出提高。首先，要做好大赛的前期推广工作，拓宽参赛老师的范围，例如，井冈山大学要求：年龄35岁以上，没有获得过讲座竞赛奖项的老师，一律报名；而授课竞赛则适宜组队参赛，尽管最后参赛的老师仅有一人，但他并非独自作战，而是要有一支强有力的队伍来支援，在这支队伍中，既有资深的资深老师，又有朝气蓬勃的青年教师，大家一起为准备课程的内容，组织与设计出各种方案，让每个人都受益于大赛的筹备工作。

2. 注重教学方法与学员的教学效果

另外，在大学教师讲座竞赛中，也出现了一个较为常见的误解，即在竞赛中，更注重老师的表现与魅力，而忽略了老师的教学质量。大学老师教授的知识是一种专业性和高深的特征，大学的教育更多的是一种探究式的专业教育，追求的是知识的系统化、深度和科学。这就要求大学老师在课堂教学中不仅要注意老师的表演，还要注意老师的教学内容、学生的教学效果。大学课堂的趣味性，并不在于它是否具有夸张的身体语言，也不在于它是否具有极强的吸引力，而在于它是否能够以通俗易懂的方式，向学生们传授深刻的基础理论。所以，在大学老师的讲座竞赛中，我们不能把课堂氛围看得太重，而要把重点放在他们对自己专业知识的理解上。

3. 写评语

在教学竞赛中，评审评语是一个非常关键的组成部分，它能使老师们得到反馈，从而不断地改正自己的不足。但是现在，这一点已经变成了一种形式。因为没有任何文字记载，老师们也无从查阅，往往一场战斗下来，老师们也就不再关注，更别说修改了。所以，为了让讲课比赛能够更好地起到促进的效果，学校有必要让裁判在比赛的过程中对每一位参赛教师所出现的问题进行书面的记录，并在比赛完成后，交给被点评的老师。除此之外，在挑选出了评委之后，学校还应当对评委组成的合理程度进行充分考量，以确保点评的权威性和信服力，特别是评委会的成员，应当将本学科专家、教学督导组专家以及学校的教学名师等都包含在内。

4. 加强对先进人员的激励

不少大学在老师讲座竞赛的开始阶段就做了周密的计划与筹备，竞赛的过程也很精彩，但竞赛结束后就消失得无影无踪，忽略了对老师的表彰与推广。通过调查发现，大部分大学都没有给得奖老师相应的奖品。如果不给予学生们物质上的激励，就会在某种意义上打击到老师们参加比赛的积极性。所以，要让老师们能够更好地投入到教育工作中去，学校应当增加对先进典型的激励，既要进行物质的激励，又要进行精神的激励。我们在提升对得奖老师的物质奖赏水平的同时，也在不断地给予他们精神上的激励。例如，学校可以邀请获奖教师给参与岗前培训的老师上一堂示范课，还可以在每年的教师节和年终总结的时候，对获奖教师进行表扬，让他们把这当作一种荣誉，养成好的教学习惯，并能激发其他老师的学习热情，从而营造出良好的教学气氛。

（三）师资培养

师资培养是推动大学师资队伍建设的一种传统途径，也是当前大学师资队伍建设中较为常见的一种途径。教师培训是促进其职业发展的一种常见途径，也是促进其职业发展的一种重要途径。自改革开放以后，国家逐渐构建了大学师资培养与交流的三级体制，并且在培养师资的制度、机构、网络以及内容与方式等多个领域都有了长足的进步。但是，在新形势下，我国的师资培养体制也出现了一些亟待解决的问题。例如，各高校在实施师资培训时，常常有"文凭"的趋势，缺乏系统、科学、长远的计划。大部分的培训都是以老师的职位为基础来决定的，但是对老师的个人需要进行较少的关注，而且很少为老师提供实际的培训机会等。

教师的专业发展可分为三个层次，即：掌握学科知识层次、探究学科智慧层次和体悟学科创新层次。其中，对学科的认识是基本层面，对科学的探索是对科学的认识，对科学的理解是对科学的更高层面。首先，在初级水平上，要确定学科取向，学习并运用学科理论，学会如何设计教学，如何管理班级。所以，大学可以针对这一水平的老师的职业发展特征，有系统地对他们进行单学科学习，进行访问，并参与短期研讨班、讲习班等，重点是拓宽他们的眼界，提升他们的教学水平。其次，高级师资通常具有较强的职业素养，具有较强的教学实践能力，为谋求职业发展或取得较高的成绩而参与此项训练。为此，学校应针对其个性特征及需要，为其提供更多更高水平的训练，如：出国深造、参与企业实习、参加国际学术交流等。最后，高级教师通常在职业发展上已达到了巅峰。对这类教师的培养应以"引导"为导向，使其逐渐从工作重心转向对年轻教师的职业成长进行引导。通过对年轻教师进行教育，指导他们进行科学研究，使自身的才能得以充分发挥。

三、大学教师职业成长的内在动因

（一）提高职业自我发展的认识

大学教师的职业生涯规划是大学教师职业生涯规划的重要组成部分。就大学教师的专业发展而言，其自身是否具有自我发展的能力，直接关系到是否具有自我发展的能力。任何有利的条件都不能使那些没有自我和专业发展的老师产生积极影响，相反，那些积极寻求专业发展的老师，总是能为自己开拓更广阔的职业发展空间。通过对当前大学教师职业成长的考察，发现大学教师职业成长总体上走的是一条"自然成熟"之路，而大学教师职业成长观念的缺乏则成为大学教师职业成长道路上的障碍。所以，大学教师要加强自己的专业发展意识，使自己可以"理性地复现自己、筹划未来的自我和控制今天的行为"。

首先，要提高大学教师的职业生涯自我成长观念，就需要对职业生涯发展的认识和认识。这是由于在学校中，有许多的原因，如：学校的价值观，学校的认同感，都会对学生的职业发展需求和职业发展的认识产生影响。大学教师的专业发展是大学教师自身专业技能不断提高，受教育者和学习者的终身学习和自我实现的过程。为此，大学教师应认真学习、了解并认同"教师专业成长"的理念，增强自己的职业成长意识与能力。

其次，以"计划感"为中心，将"计划感"作为其自身的重要组成部分。另外，要加强对职业生涯发展的认识，必须学会制订职业生涯发展计划。职业发展规划是指在职业发展过程中，对职业发展各环节、各阶段所做的构想与规划，是指导与监督的参考架构。其中，对自身的分析、对环境的分析、对目标的设定和对战略的选取是本文研究的重点。首先，教师的专业化发展不仅是一种提高自身素质的活动，而且也是一种认识自身、充实自身、不断提高自身能力的活动。所以，教师必须要对自己的能力、兴趣和需要等人格要素展开综合的研究，对自己的能力和兴趣进行全面地了解和评估，这样，才能更好地确立自己职业发展的出发点和目标。其次，通过对外部环境的剖析，可以帮助教师准确地掌握职业发展的路径，掌握职业发展机遇。在进行环境分析时，需要对学校、学生和自身的需要进行分析，并对其进行分析，并对其进行分析。最后，要制订职业生涯发展计划，制定职业生涯发展计划。目标是对教师职业发展的一种展望，是对教师职业发展的一种有力的动力。在实施过程中，如何进行战略的选择，对于教师职业发展计划的实施起着至关重要的作用。在确定了职业发展的目标之后，教师要对职业发展的内容和行为进行规划，并制订出一系列合理可行的行动计划。

（二）以教学反省促进教育智能

反思性思考是一种内省，是一种通过自我评估和自我评估，发现自身的优点和缺点，并据此决定下一步行动的思考方式。作为一种有效的教育方法，它可以有效地促进教师的专业发展，提高自身的素质。教育智慧指的是大学教师在从事教学、科研以及社会服务的过程中，经过持续的领悟与思考，逐渐发展出的一种对高等教育工作规律的把握、创造性的驾驭、敏锐的反应以及灵活的反应的综合能力。教育智慧的产生是一个逐渐累积的过程，唯有对教育工作有着深入的认知，拥有充足的专业知识，并擅长在教学实践中进行持续反思的老师，才可以达到提高教育智慧的目的。教育智慧是让老师变得更加成熟，变得更加优秀的一种催化剂，所以，在培训老师的过程中，老师一定要对自己的这种行为展开思考，既要做一名"技术熟练者"，也要做一名"反思实践者"。

在课堂上，教师可以运用"四个镜头"对自己的课堂进行观察、批评和反思。其中，老师的教学日志、学生的反馈、同事的感受和学术研究的相关资料为四个切入点。这其实就是一个从各个方面对老师进行全方位思考的过程：在自己的教学经验中，在学生的反馈中，在同行的感觉中，在自己的思考中，在理论的解读中。

通过写反思日记，撰写教育案例，开展教育叙事研究，教后日记，开展行动研究等方式对教师进行反思。老师应该采取什么样的方法来进行教学反思，这要看每个人的情况。在此基础上，逐步实现了对学生的自我反省。集体反思是大学校本教学研究中的一个重要组成部分，它的内容包括：反思对话，互相观摩，集体叙事，点评反思日记等。群体反省寻求不同意见的分享和达成一致，有利于调动群体的智力，提升了反省的质量，是一种更高级的反省。

　　就其所涉及的问题而言，根据其职业发展水平，其关注的焦点是不一样的。第一，针对初学者，其最大的问题就是缺乏实际工作的经历，所以要把思考的焦点集中在怎样提升自己的教育与教学技巧上。第二，针对适应性教师而言，该类型教师具有丰富的教育方式与策略的理论与实践，但其面临的问题是，其对不同类型的教育情景的判别与判别能力相对不足。这种情况下，他们的反省主要集中在语言策略、组织策略、评价策略等方面。第三，对老练的老师来说，在多年的教育工作中，有着丰富的教育经验，缺乏敢于突破常规的教育方式，并根据自己的实际情况进行总结。所以，他们的反省主要集中于对自己的教育、教学思想的分析。第四，对专家型老师来说，这种老师通常都有自己的教学方式，并且根据自己的经历，可以在课堂上找出问题，并寻找出恰当的解决办法。这些问题的解决，其后果与预期不符，以及对高校教学工作规律的掌握，以及对高校教学工作的创新运用，都会产生深刻的反思。

第二章 高校教师的教学能力及其培养

第一节 高校教师的教学设计与教学实施能力

一、高校教师的教学设计能力

（一）教学设计的依据

教学设计并不是一项简单的工作，它需要综合考虑各方面的因素，具有一定的复杂性。要想使教学设计能够促进教学实践的顺利开展，使教学取得更好的效果，需要有一定的依据为设计提供参考。这些依据主要包括：

1. 教学设计要依据现代教学的理论

在一定的教学实践基础上，总结、概括出的教学理论，体现了一定的教学规律。根据教学理论来设计教学方案，能使教学方案更具有科学性和合理性。即使有经验的教师，如果不注重教学理论知识的积累，将教学局限于经验化的处理而不适用科学的理论进行指导，最终会使教学效果不理想。因此，教师在进行教学方案设计时，要自觉地运用现代教学理论来指导教学设计，减少随意性和完全的经验主义。

2. 教学设计要体现系统科学的方式

教学设计要想获得成功，就必须综合考虑各方面的影响因素。而教学活动中的各种要素相互联系、相互影响，又会促进教学的各个因素结合起来发挥综合效力。因此，为使教学活动能够达到理想状态，在进行教学设计时，需要依据系统科学的原理和方法，分析教学系统中各要素的地位和作用，使各个因素有机地结合起来并得到最佳的组合，各种教学资源得到优化配置，从而达到理想的教学效果。

3. 教学设计要结合学生的特点

教学涉及师生双方的活动，它需要师生双方共同努力、相互合作来完成。学生是教的出发点和归宿，教学的任务和目的都是围绕着学生的发展而展开的，教师的教必须通过学生积极主动地学才能起到有效的作用，教学设计最终也应该是促进学生的发展。因此教师进行教学设计时，要考虑学生的身心发展特点和规律、情感价值基础、学习需求、兴趣等，使教学设计具有针对性，减少盲目性。

4. 教学设计要参考教学实践的实际需要

教师利用教学设计方案，可以为自身的教学行为提供最优选择，并满足教学的实际需要，这是设计最基本的依据，也是设计的根本意义所在。因此，在进行教学设计时，应该充分考虑教学实践的实际需要，使教学具备实际的价值意义。

教学设计在付诸实践的过程中，要集中体现教学的目标和任务。在对教学目标和任务进行分析后，明确教学设计的大致框架，使教学目标和教学任务具体落实到教学实践中，得以真正实现；在此基础上，综合考虑其他教学要素，以使教学设计方案在立足教学实际需要的基础上，充分发挥自身应有的作用和功能。

5. 教学设计要考虑教师自身的经验与风格

教学设计的应用主体为教师，只有得到教师的内化和吸收，才能将教学设计方案这一理论形式付诸教学实践中。同时，从一定意义上说，教学设计的过程也是教师个体创造劳动的过程。成功的教学设计方案凝聚着教师个人的教学经验和智慧，融合了教师的思想倾向和价值观念，并展现了教师的教学个性和风格。

教师的差异可能导致教学课堂的多样性，教师丰富的经验、智慧和风格，是促进课堂丰富多彩、生动活泼的基本条件，是形成教学个性和教学艺术性的重要基础，是创造轻松愉悦、民主平等的教学氛围的必然要求，是培养具有创造精神和实践能力的学生的重要条件。

教学经验具有一定的主体依赖性，是教师在长期的教学实践中总结出来的带有规律性的东西。短时期内的学习或模仿，很难将这些经验内化为自身的东西，并且这些经验在教学实践中往往可以弥补理论的某些不足或可以正确、冷静地处理教学中遇到的突发问题。

教学风格彰显着教师自身独特的教学魅力，展示着教师个性化的教学思想和教学技能技巧。因此，在设计教学时，也要结合教师的教学经验和风格，使设计的教学方案灵活多变，适应教师的具体教学，推动教学活动的顺利开展。

（二）教学设计的基本模式

1. 目标（系统方法）模式

目标模式的设计程序强调分析、设计的系统性，这基本上与系统分析模式的设计程序是一致的。不同的是，目标模式的理论基础与系统分析模式的理论基础有所区别（工程学的有关理论），它突破了传统的"投入—产出"视角，提出了一种基于"投入—产出"视角的教学活动体系设计方法。

其主要特征是突出了教学目标在教学中的基础性地位，该模型的基本步骤可归纳为如下。

第一，明确教学目标。在总目标的基础上，分析确定教学的行为目标，行为目标应该明确规定学生学习活动的预期结果、课堂教学中的重点难点及其他特殊要求等方面的内容。

第二，对课堂教学中的具体目标进行分析。在确定了教学目标之后，还需要对每一堂课的教学目标进行深入的分析，从而明确学生应该掌握的各种知识、技能和技巧，并对掌握某种技能技巧的过程或步骤进行明确。

第三，对当前大学生的基本知识进行分析。对学生实际发展水平的准确掌握，是教师在教学中获得成功的先决条件。它主要反映的是学生已经掌握的知识和能力的水平，学习的准备状况，以及总体的身体和心理的发展特征，因此，在进行教学设计之前，教师必须对其进行仔细分析，并对其进行准确的把握。

第四，详细列出可选择的行动目标。在这三个方面的工作之后，还要制定具体的、可操作的目标，也就是对既定的目标进行分解、提炼。

第五，对测试题的参考标准进行界定。也就是按照教学目的，为学生制定测试与评价的参考标准。以教学目标为依据，对参考基准的质量进行评价，在评价时，测试的内容要与目标中规定的行为类型相符合。

第六，对课堂教学的策略进行选择。要达到预期的目的，教师在进行具体的教学之前，需要采取适当的教学策略与方法。

第七，教材与教学资源的选配。教师要根据教学的实际需求，合理地选择并使用必要的教学资源，如教学材料、学习指南、教师用书、练习材料和试卷等。

第八，形成性评价。在设计了一套教学方案后，还要对其进行一系列的评价，从而不断地进行调整和修改，使得教学方案更加完善，更加科学，更加可行。教师可以从三种形成性的评估中得到有用的回馈，即主题评估、小组评估和个人评估。

第九，修正、调整教学计划。通过对学生进行综合素质评估，发现学生在学习过程中出现的问题，并据此对课程进行调整和改进。"修正教学"是指利用形成性评估所得的数据，对教学分析和假设进行再评估，并对操作目标、测试项目和教学策略等内容进行再评估和修正，从而得出更有效的教学计划。

2. 系统分析模型

在此基础上，提出了一种基于工程管理学原理的系统分析模型。该模型把教学视为一种"输入—产出"的系统化过程，要求获得新知识、新技能的学生就是输入，产出就是已经完成学习的人。它强调运用系统分析的方法，综合地分析和组合教学系统的"输入—产出"过程和构成要素，从而使教学计划的设计达到最优。

系统分析模型十分注重对输入输出过程进行系统性分析。在整个设计中，目标是最基本的，它对教学系统输出的期望效果起着非常重要的作用。在不同的目标下，分析、组合、设计的整体体系将呈现出不同的图景。

为了推动系统分析设计模式的持续改进，使得所设计的教学方案更加具有可操作性，这个模式应该遵循的基本步骤包括：第一，分析、确定教学的实际需要；第二，明确总的、具体的教育目标；第三，对诊断和评价的方式进行设计；第四，制定教学策略，选用合适的教学媒介；第五对教学资源开发与选择，第六对教学环境进行设计；第七，师资力量充足；第八，实施小规模试验，得出形成性评估，并适时做出修正。第九，构建并推广教学设计体系。

其中，前七步为教学预设，后三步为验证、评估与修改所设计的方案。该模型的根本特征是：基于教学过程的系统化分析，对教学体系中的各个组成因素进行全面考量，从而提升"产出"的品质，并取得了较好的设计效果。

3. 过程模式

过程模式与目标模式的主要区别在于它的设计步骤呈一定的循环模式，而目标模型则是直线型，设计者可以按照教学的要求，在设计的全过程中，从任意一步着手，并且可以任意选择前、后两个方向。

过程模式的设计步骤包含如下几个方面：第一，通过对教材和大纲要求的分析，确定教学目标和课题，主要是解决在教学中必须要解决的问题；第二，将学生的主要特征、要求等——罗列出来，以达到更好的教学效果、更好的个性化教学目的，对学生的一般特点、能力、兴趣，要求有一个初步的了解；第三，确定学习目标；第四，确定课题内容并细化，例如，把学到的知识、概念、原则等列出来；第五，对学生现有的学习准备情况和学习过程中可能出现的问题进行预测，包括现有的知识、经验、学习能力等，从而指导学生的学习，分步骤对教学计划的内容进行修改；第六，在教学方法与资源的选择上，重点在于为达到教学目的而确定最适合的教学方法与资源；第七，开展有关教育工作，制订教育方案；第八，评估学生的学习情况，并得到反馈信息，以改进教学计划。

课程模式具有更强的灵活性和实用性，并可针对不同的教学情境，针对性地进行教学设计。

但总的来说，以上几种教学模式只是为我们提供了一些可供参考的设计理念与方法。教学过程是由诸多要素构成的复杂系统，在具体的教学实践中，设计者想要保证教学设计的高质量，还需要依据教学设计的一般原理，对各种具体因素进行综合考虑，充分发挥自身的创造性，做到理论与实际相结合，具体分析、对待和处理遇到的问题。

第二节 高校教师的教学评价与教学反思能力

一、高校教师的教学评价能力

（一）教学评价的方法

从计划、设计到实施、总结，教学评价的每个环节都有其独特的方法。不过，教学评价常常是按照评价对象的不同而分别组织实施的。在这两种方式中，对学生的学习成绩进行评估和对教师的教学质量进行评估是最常用的两种方式。

1. 对学生学习成绩进行评估的方法

在教育评估中，对学生的学习成绩进行评估是最核心和最基本的环节。要对学生的学习成绩进行全面、精确的评估，就必须建立清晰的评估标准，并在评估过程中灵活使用多种评估方法。

（1）专业成绩测试

"科目成绩"测验又称"考试"，是一种比较常见的评定学生学习成绩的方法。其中，测试可划分为两大类：一类是非标准化的自选测试，另一类是标准化的测试。在"自选测试"中，教师根据特定的教学目的、教学内容，设计几个问题，编写成试题，再对学生进行测试。在实践中，测试是以学生为对象的，具有一定的灵活性，但是测试的质量受到了教师个人能力的制约。标准化考试通常是由专门的机构或组织（例如考试中心、教育行政部门等）进行设计、组织和统一实施的，通常情况下，它是以科学原理为基础，并遵循科学方法与程序来实施的。标准化测试具有更高的质量、更高的科学水平、更严格的控制和更昂贵的成本等特点，适合于大型的教学评估。

考试由三个连续的过程组成：制卷、施测和打分。考试试题的制作，就是寻找一种能够检验学生学习成绩的行为范例的过程。这些工作包括：确定考试的目标，建立评估标准，制定具体的考试结构，制定具体的考试题目。高考命题分为客观题与主观题两大类。客观性试题指的是答案客观唯一，评分标准不会受到评分者主观因素的干扰，评价对象不能随心所欲地发挥作用，其表现形式主要有填空题、选择题、是非题、匹配题和简答题等。主观性题目是让被评对象自由发挥，有多种答案，评分容易受到评分者的主观影响，如论述题、写作题、应用题、操作题、联想题等等。这两种类型的题型各有千秋，又存在着互补的特点，应按照测试目标进行合理的组合。

在标准化考试中，首先要对所编写的试题和试卷进行预测，以便得到有关的质量指数，对试题进行筛选、修改，从而提高试题和试卷的质量。"难度""区分度""信度"和"效度"是测试的四项重要质量指标。"难度"是指考试中所涉及的问题的难度；"区分度"是指在测试中可以从不同层次的受试者中辨别出来的能力；"信度"是指测试结果具有一定的可信度；"效度"是指测试结果相符合的程度。标准化测试的另一个部分就是测试，测试的目的就是要求考生在特定的时间、特定的地点、特定的条件下完成测试。要使测试的物理环境、心理环境以及测试的组织系统协调一致，以达到测试质量的目的。最后一个步骤就是评分。要从确保评语的统一、明晰、增强评语人员的责任感、加强对评语的复审等方面入手。

考试能够检验学生对知识、技能的掌握水平和其他方面的发展情况，它的适用性很广，结果也比较公平，并为社会各界所认可，因此在实际中得到了广泛的应用。但我们也要辩证地看待考试的功能。任何一种考试，都无法全面、真实地反映出一个人的学习成绩，如果过分迷信考试，一味追求成绩，很容易造成分数主义、应试教育等不良后果。

（2）日常考试

它是、在教学过程中，对学生的学习状况进行实时监测的一种评估方式。在日常考试中，教师和学生都能从多个角度了解到他们的学习情况，并能对他们的学习情况进行及时反馈。

平时考试的具体方式是：①以口头发问或以板演的方式进行。在课堂上，通过课堂上的提问和演示，可以更好地反映学生的课堂表现，也可以更好地了解他们对特定知识和技能的掌握程度。老师要对学生的答案和表演进行口头的评语。②给作业打分。在对学生的书面作业进行批改的过程中，教师能够对学生理解与运用知识的质量进行全面了解，发现教学中存在的漏洞和缺陷，还能够对学生的相关能力水平进行全面地了解，进而为改善教学工作提供参考。③测试。也就是小测验，一般都是在主题课或单元课完成后，在课堂上进行。采用随机测试法，能够在很少的时间内，对所有学生在一个时期内的学习状况有一个全面的认识。要使小测试更好地发挥功能，必须对测试次数进行合理的控制，并强化考试后的评价。

（3）专项调查和心理测验

要对大学生的学习态度、学习方法、学习习惯、学习能力进行综合评估，必须对大学生进行专项调查和心理测试。

调查方法通常采用问卷调查和专题研讨相结合的方法。调查表是一种通过事先准备好的问题来使学生得到他们想要的信息的方式。测验的不同之处在于要学生根据已学到的知识来回答问题。调查表的设计要做到简单明了，尽量不要有偏见，不要有歧义。"讨论会"是将学生聚集在一起，就相关问题进行专题讨论，以获得需要的知识。讨论时要仔细地准备，要事先想好要谈什么，要有针对性地谈，要有重点地讲。

借助特定的心理量表，对学生相关的心理发育情况进行测验，是评估学生学习成绩的一种重要方法。比如，在课前和课后，可以使用一种特殊的创造性测试量表，来评估课堂教学活动对于学生创造性发展的影响；另外，还可以使用与学生智力、个性和态度有关的特殊量表，对学生的智力、个性和态度等方面进行评价。一般来讲，专业的心理量表有一个固定的常模（评价标准），有一个固定的施测步骤，并且有一个系统的数据分析方法，所以它的科学性比较好。要确保测试的质量，必须有受过专业培训的测试人员担任测试的负责人，并严格遵守测试的流程和相关测试的标准，避免对测试的滥用。另外，还应该认真对待心理测评工具及其所得出的结果，不应该盲目、夸张。

2. 一种评估师资队伍素质的方法

科学的评估教师在课堂上所做的工作，以获取有效的信息反馈，是促进课堂教学质量的一个重要手段。在实际工作中，对教师的教学质量的评估多从教学目标、教学过程和教学效果三个基本维度进行。一个老师的教学水平如何，取决于他的教学目的。优质的教学在目标上要满足"内容具体""表述清楚""定位准确""可操作"等要求。其次，对教学过程进行评价。它与教学内容、教学方法、教学组织形式、板书、作业质量、教学语言、师生情感、课堂氛围、教学艺术、教学风格、教育理念等诸多特定的方面有关。教学活动的科学性、艺术性、教育性是衡量教学活动质量的根本标准。第三，要从教学效果的角度对教师的教学质量进行评估。对教学效果的评价，主要是看学生在知识、技能及能力、品德等方面有无实际进展。另外，在对教育效果进行评估时，要考虑到教育费用和教育收入之间的相互关系，从而对教育效果进行评估。质量好和效益好是衡量教育质量的根本标准。综上所述，从目标、过程和效果这三个相互联系的角度对教师的教学质量进行评估，能够更全面地反映出教师教学的总体情况，同时也更加简洁、清晰，具有一定的普遍性。在此基础上，本文提出了一种基于"目标—过程—结果"的综合评估方法。

对教师的教学质量进行评价的方式很多，其中，综合量表法、分析法和问卷法是最常见的一种。

（1）综合量表法

它是一种较为细致地对教师教学质量进行评估的数量化方法。具体操作步骤为：①建立一套专业教师教学评量表；评估表格的编制，主要包括评估指标（条目）的确定、每一指标的权值的确定以及每一指标的打分或评定等的标准的确定。②参与课堂教学。评价主体是在现场听课的基础上，通过教师的教学评分表来评价教师的教学质量。在聆听完课程之后，评价人员根据自己对评分（评等）标准的理解，在教师教学评价表的每个项目上，分别给予评价对象一定的等级或分数。③资料处理。将所有的教师教学评价表进行汇总，使用一定的统计方法，对所得到的数据进行分析和处理，从而得到每个评价对象的总得分或等级。在实际工作中，综合评价的运用既有简单的一面，也有复杂的一面，这主要取决于评价人员的数量和使用的统计学方法。

综合量表法是一种行之有效的教学评价手段，在教学中得到了广泛的应用。该方法的优势在于：侧重于对教学任务的细化和分解，且评估指标相对明确；侧重于定量分析，计算结果更为精确；重视指标的连贯性，减少了评估人员的主观干扰。其缺点与难点在于：指标与权重难以确保依据的充分、合理；评审员对评判结果的认识仍然受到主观体验和价值观念的制约，很难达到客观的程度。

（2）分析法

它是一种以定性分析为基础，对教师教学工作的相关方面进行判断的方法。通常，分析方法没有具体的评估指标，也没有具体的评估标准，主要依赖于评估者的知识与经验，评估结果多以定性的方式进行。

该方法不仅适用于他评，而且适用于自我评价。在观看了老师的教学活动之后，学校领导或同行根据自己对教学目标、教学原理和教学思想的了解和相关经验，对老师教学中的优缺点进行分析，这是一种常用的分析法的具体运用方法。自评（自我分析）是教师在教学结束后，对自己的教学工作进行分析，找出自己教学中的优点和弱点。教师在日常生活中不断积累的自我反思，有助于提高自己的教学水平。

分析方法简单，能突出问题和主要特点。其不足之处在于判断标准不清晰、主观性强、规范性不强。因此，分析法主要适合于在日常生活中，将改善教学工作作为直接目标的教师授课质量评价，而不适合在以评定等级为主要目标的规范的管理性评价中使用。

（3）调查法

教师课堂教学质量评估采用调查研究的方法，以问卷调查和讨论为主。问卷法的流程是：通过设计特定的调查问卷，向有关人员（如所教班级的学生、有关教师等）发放问卷，对问卷上的相关信息和数据进行收集，最终对教师教学质量做出定性、定量或综合性的评价。座谈法的基本方法是：将相关的老师和学生召集起来，召开专门的会议，向他们询问某一位老师的教学状况，并了解他们对该老师的教学质量的意见，最终对这位老师的教学质量进行评估。

问卷法是一种集综合评分和分析法于一体的方法，适用于对一位老师长期的教学状况进行详细的研究，主要用于对老师的整体教学能力进行评估。同时，还可采用问卷调查的方法，了解学生对自己所教的课的看法，从而提高自己课的质量。

（二）基于新课程下的发展性教学评价

1. 发展性学生评价

（1）发展性学生评价的基本特点

所谓发展性学生评价，是指以促进学生全面发展为基本目标的学生评价观念与制度。该评估思想及评估体系有如下显著特征。

①发展性学生评估要突出其独特的发展特点。心理学、社会学等学科的理论和实践证明，每一个大学生都有着与别人不一样的性格特征和成长环境，有着自己的兴趣爱好、优点和缺点。结果表明，大学生在学习过程中存在着不同程度的差异。这就造成了每个人的学习目的、学习进度、学习轨迹等都有了一些独特的特点。发展性评估就是要重视个体差异，构建"因材施评"的评估机制。具体来说，就是要注意并了解学生个人发展的需求，尊重并认同学生个人的价值，根据学生的不同背景和特征，采用差异化的评估方法，对每一位学生的差异性发展潜力进行准确的评估，为每一位学生制定一个有针对性的发展目标和评估标准，并对他们的发展提出相应的建议。

②发展性学生评估要注重全面的发展。发展学生评价的内容包括知识与技能、过程与方法、情感态度与价值观等各个方面，而且这些方面都得到了同等的关注。例如，在地理课程标准中明确指出，在对学生参加地理探索性活动的程度和水平进行评价的时候，评价的重点并不是对学生记忆的准确性和运用技能的熟练程度进行检测，而是对学生进行实地考察与观测、调查、实验、讨论、解决问题等活动的质量进行评估，学生在活动过程中所展现出的兴趣、好奇心、投入程度、合作态度、意志、毅力和探索精神，在地理学习过程中，学生所形成的热爱祖国的情感和行为、关心和爱护人类的意识和行为、对社会和自然的责任感，以及对地理学习与现实生活的紧密联系和地理学的应用价值的深刻感受。

③发展型学生评估应该提倡多种评估方法。要改变单纯通过书面测验和考试检查学生对知识、技能掌握的状况，提倡运用多种评价方式、评价手段和评价工具，综合评价学生在情感、态度、价值观、创新意识和实践能力等方面的进展与变化。只有实行多元的评价方法，才能给每一个人一个出类拔萃的机会，才能真正推动学生的全面发展。

④发展型学生评价要充分利用自己的主观能动性；传统的教育评估方法，由于过分重视并追求分数的精确、客观，而忽略了学生的主观能动性，使得学生的自我评价成为一种可有可无的现象。发展性学生评价是一种尝试，它能使学生在评价过程中更好地发挥自己的主观能动性。具体而言，教师在制定评估内容、评估标准时，要充分考虑到学生对评估

的看法；在搜集评估材料方面，要充分发挥学生的积极性；在进行评估的过程中，教师还应该鼓励学生进行自我评估、相互评估，并在"协商"中得到评估的结果；在反馈评估的过程中，老师更应该和同学们紧密结合，一起制订改善方案，才能确保改善方案的有效实施。总而言之，在学生充分参与评价的过程中，评价的过程就变成了一个促进学生反思、加强评价与教学融合的过程，也是学生自我认识、自我评价、自我激励、自我调整等自我教育能力持续提升的过程，也是一个学生与他人协作的意识和技能持续提升的过程。

（2）实施发展性学生评价的基本程序

要使高校绩效评价工作科学有序地开展，就必须制定并遵守相应的操作规程。从总体上看，开展发展性学生评价工作，应当遵循四个工作步骤。

①对评估的内容进行界定，并用清晰、简洁、可度量的指标描述。要做好评估工作，首先要明确评估的内容。考核内容由考核指标系统来反映。在此基础上，本文提出了一种新的、有针对性的、可持续的、具有普遍性的评价方法。接下来，我们将着重讨论如何编制课堂学习评价目标，以避免因为过于笼统、空泛而削弱评价的可操作性，从而导致评价结论的不一致性。

②评估方法的选择和评估工具的设计。在确定了评估标准之后，还要对评估方法进行选择，并对评估工具进行设计，这是评估的设计前期要做的一项重要工作。在使用纸笔之外，发展性学生评价更为注重使用质性评价方式，例如观察法、访谈法、情境测验法、行为描述法、成长记录袋评价法等。具体采用何种方法，应结合评估的内容及评估目标的特性来决定。

评估工具为评估数据的采集提供了最直接的基础和方法。一般而言，在中小学教学中使用最广泛的评估工具是评分表。在设计和制作评分表时，教师要注意：第一，采用评分表的形式；第二，要有一张表能反映他们在课堂上所取得的成就；第三，在量表的编制中，应充分体现"质化评估"的思想；第四，在教学评价问卷的设计中，应注重评价主体的多样性，注重学生的自我评价，教师的评价，家长的评价等方面的评价。对不同评估对象的评估可以采用同一评估表格，也可以采用单独的评估表格进行评估。

③搜集、整理、分析、研究、评价等相关信息。反映学生学习与发展情况的数据是对学生进行评估的客观事实基础，而评估数据的正确性则是确保评估结果正确的前提。为了确保评估数据的全面性、真实性和有效性，评估执行者应遵循如下原则：第一，坚持多途径、多途径地搜集数据；第二，评估的任务要与评估的目的具有较强的一致性；第三，评价原材料的价值要大于简单的评分；第四，所搜集的数据既要包括学生发展的强项，又要包括那些被视为学生发展的弱项。在收集了评价资料之后，需要对收集到的数据进行分析，形成对学生学习情况的分析报告，对学生目前的学习情况进行客观的描述。在对评估数据的分析中，应做到：第一，让被评者积极参与到评估中来；第二，对多种评价方法所获得的资料进行综合分析；第三，要尽量做到纵向、横向两方面的对比；第四，评估结果的展示应该是定性和定量两种形式的融合。

④确定改善的重点，制订改善方案。对学生进行发展性评价，其基本目标就是为了提

高和推动发展。所以，仅仅得到一份能客观反映学生学习状况的分析报告是远远不够的，必须以此为依据，指出改善的重点，制订改善方案。在制订改善方案的时候，需要关注的问题有：首先，要将改善要点用清晰、简洁、可度量的目标词汇表达出来，对我们希望看到的在改善之后学生在达成目标之后的行为表现进行清晰、具体的描述；其次，改善方案也要注意个人的差异与环境的不同，要有针对性、有个性的改善方案。最后，要注意把握好评估结果与改善方案的反馈途径与策略，让评估真正起到激励与推动的效果。评价反馈的策略具体包括了以下内容：给予反馈与不给予反馈、单独反馈与公开反馈、全部反馈与不完全反馈、群体反馈与个体反馈、正面结果反馈与负面结果反馈等。

2. 发展性教师评价

教师评估是一项与教师职业发展息息相关的工作，评估结果是否公平直接关系到教师对新课改的积极性。所以，在新一轮的新课改中，提倡发展型教师评价，以促进教师的专业成长。

（1）发展性教师评估的基本思想

①提倡教师的评估应以促进其职业发展为目标；发展性的教师评估，是一种面向未来的评估。发展性教师评价认为，教师工作是一项特殊的职业，每一位老师都要对自己的教学工作进行反思、总结和提高，每一位老师都有自己的内部需要和潜力，能够在教学活动中得到持续的发展，而评价是推动教师实现专业化发展的主要动力。

②在评价过程中，注重教师的主体性、民主参与和自省性；发展性教师评价具有主动性。发展性教师评估是指相对于外部评估者，对自身的工作背景、工作目标、工作优势、工作难点等方面有更多的认识。所以，在对教师进行评价的时候，一定要将教师自身的角色发挥出来，强调教师在整个评价过程中的主体地位。既要将被评教师视为评价的对象（但不是被动的客体），也要将其视为评价活动的积极参与者，要与被评教师形成平等的合作伙伴关系，要鼓励教师进行民主参与、自我评价和自我反思。

③强调对教师个性的关注；发展性教师评估是一种差异性评估。教师的个性特征、职业素养、教学风格、师生交往方式、工作环境等都有较大的不同。发展性教师评价提倡在评价中要尊重教师的个人差异，并以这种差异为基础，建立个性化的评价标准、评价重点以及与之相对应的评价方法，对每一位教师的改进意见、专业化发展目标以及进修要求等进行清晰、有针对性的建议。只有在这种情况下，才能最大限度地发掘教师的潜力，发挥他们的优势，从而推动他们的职业发展，实现他们的积极创造。

④提倡多元的评估主体，并通过多种途径向教师提供反馈。发展型教师评价具有多向性。发展性教师评价认为，要想让评价能够更加有效地推动教师的专业成长，不仅仅是学校领导，而且正如前面所提到的，被评教师本身也是发展性教师评价的主体。除此之外，发展性教师评价还强调了要让同事、学生及家长等多个方面的人都参与到评价中来，让被评教师可以通过多种途径得到反馈，从而对自身的教育教学工作进行更好的思考和改善。

（2）实施发展性教师评估的程序

从总体上讲，发展性教师评价的实施过程分为四个主要步骤：初次面谈、信息收集、评估面谈和复查面谈。

①初次面谈。教师对学生进行初步的访谈,是对学生进行发展性教师评估的第一个环节。总体而言,初次面谈的重点是要解决以下几个问题:首先,要进一步明确发展性教师评估的目标是改善教师的教学实践,并推动教师自身的职业成长与发展;第二,对发展性教师的评估进行了详细的阐述,并对评估的结果进行了详细的说明,并对评估的结果进行了分析。第三,明确评估的着眼点,探索评估的类型、途径、方法和程序,并确定评估的参考者;第四,制定整体评估的时间安排。

②信息搜集。在发展型教师评估中,信息搜集是一个重要环节。在进行发展性教师评价的时候,评议者一定要掌握关于被评教师的大量信息,只有掌握了大量、精确、可靠的信息,发展性教师评价才能有一个稳固的基础,被评教师也才会对自己的评价结果有信心。信息搜集的种类、搜集的渠道、搜集的方法应多样化。从形式上看,情报信息可分为言语情报和文字情报;从渠道和方法上来讲,可以通过课堂听课、教师自我评价、广泛征求第三方意见和查阅资料等方式来获取信息。

③评估面谈。在搜集了全部资料之后,就是对发展性教师进行评估的关键环节——面试。在评价面谈阶段,主要的工作包括:首先,对被评教师的工作进行总结,对他们的优点和取得的成绩进行讨论,找出他们中存在的问题和缺陷,寻找解决问题和克服他们的缺陷的办法;第二,确定了被评价的教师今后的发展目标;第三,确定受评教师对继续教育的要求;第四,完成评估报告的写作。

④复查面谈。被评教师在达到个人发展目标时,需要持续受到评议者与别人的关怀,需要在资源与精神上给予必要的帮助与支持。此外,评估双方应该定期进行期中检讨,检讨所设定的指标是否适当、是否达到,并做适当的调整或修正。当目标达到时,一个完整的发展性教师评价就会完成,然后重新进行下一个阶段的发展性教师评价。

二、高校教师的教学反思能力

（一）教学反思的类型

1. 从教学反省的本质出发

本文从教学反思的本质出发,将其分为五类。

（1）技术性反思

"技术性反思"在此有两个方面的含义:一是涉及思考的内容,仅限于较窄的教学技巧或技巧范围;二是关系到反省的品质,侧重于对相关结果的直接运用。

（2）对行动的反思

"对行动的反思"有两个含义:一是"对行动的反思";二是"在行动中反思"。前者是指教师在自己的教学活动结束后,重新审视过去的教学活动;而后者是指在教授的时候,凭直觉做出的临时决定。

（3）审慎地反思

审慎的反思则是指通过研究、经验、同侪的意见及个人的信念与价值等多元的资讯，来作为教师做出决定的依据。没有一个是主要的，所有的想法都可以被考虑。一名老师需要在不同的意见中做出最佳的决定。

（4）个体的反思

这种反思是一种以个体发展为导向的反思，它涉及教师的个体生命、职业生命。在这种反省中，教师学员需要考虑自己要做什么样的老师。他们既要考虑自己的生活，也要考虑自己的学生，但所考虑的不只是学生的成绩，而且包括学生生活的方方面面，包括学生的个人愿望、兴趣爱好等。

（5）批判的反思

批判思考的目的不是为了了解，而是为了改善弱势群体的生活品质。这既是对问题的关注，也是对社会行为的关注。这一模式强调了教育决定必然要建立在某种善与恶的标准之上。

2. 依据教学时间

我国学者通常按教学时间或教学进程来划分教学反思的类型。

（1）"课后思"

一堂课下来就总结思考，写好课后心得、课堂随笔或教学日记，"课后思"对新教师显得更加重要。

（2）"周后思"或"单元思"

一周课下来或一个单元讲完后反思，摸着石头过河，发现问题及时纠正。

（3）"月后思"

对于自己一个月的教学活动进行梳理和总结。

（4）"期中思"

通过期中考试，召开学生座谈会，听取家长意见，进行完整的阶段性反思；也可以以一个学期为单位进行"学期思"，甚至一个学年或三年一届教学的宏观反思。

3. 以教学过程为基础

在过去的教学实践中，多数教师只注重课后反思，而不重视课前反思。实际上，在教学之前，教师对自己的教学设计和教案展开反思，就是教师对自己的教学设计的"再次查漏补缺、吸收和内化的过程"。

教学前反思的内容具体包括：反思确定内容、阶段及具体实施方法对学生的需要和满足这些需要的具体目标，以及达到这些目标所需要的动机、教学模式和教学策略。此外，教学前反思的内容还包括了对本学科、本册教材、本单元、本课时的教学计划。此外，还将反思的关键项目也列了出来，比如：第一，要教给学生哪些关键概念、结论和事实；第二，确定教学重点和难点正确与否；第三，课程内容的深度与广度对于学生来说是不是适当的；第四，如何设计活动，使学生更好地完成学习任务。

(二) 对课堂教学进行反省的对策

1. 反思日记

反思日记指的是教师对自己在教学活动中,具有教育价值的各种经验,并在这些经验的基础上所进行的批判性的理解和认识,给予真实的书面记录和描述,它是实现自我监控最直接也是最简单的途径。用写反思日记的方式,对自己的教学过程进行详细的回顾和记录,对教学中的灵感或闪光点、教学中学生的感受、教学中的改革与创新、教学理念的先进性、教学目标的达成度、教学策略的有效性、教学内容的准确性、教学设计的科学性、师生情感的默契性等方面展开全面的反思。撰写反思日记,能够让教师对自己的教育教学理念和行为进行比较系统的回顾和分析,找出其中存在的问题,并能够提出相应的研究方案,为更新观念、改进教育教学实践提供了努力的方向。

思考日记的格式多种多样,可分为评论型、大纲型、专题型、随笔型等。教师可以根据自己的习惯和爱好,选择适合自己的日记写作方法,也可以根据自己的实际情况,创设其他的日记写作形式。

伴随着教师信息素养的不断提升,以及互联网的广泛应用,教师个人微博和学校微博群也在快速形成,它已经成为教师个人反思、教师之间研讨、师生交流、家校沟通的阵地,对教师的成长与发展起到了巨大的推动作用。

2. 上课录视频和录音

如果只是单纯地看,很难将课堂上的每个细节都看得清清楚楚。随着资讯科技的进步,目前已有许多学校采用数位摄影机来记录教学实况。用相机记录自己的教学过程,并在课后回放,对自己的教学理念、教学目标、教学策略、教学设计、教学手段等方面进行反思。老师们可以去看自己或者其他老师的教学录像,在播放过程中,找出自己觉得特别的场景,并将其固定下来,然后反思为什么会以这种方式来讲授某些知识点,这是否合适,下次应该怎样改进等内容。也可以在观看了整个教学过程之后,考虑如果自己重新设计这一课会如何设计,再与教学录像相比较,对教学过程、教学设计中存在的问题展开深入的分析和思考。

课堂录音也比较简洁、实用。在教学中,尤其是在语言教学中,教师可以利用课堂录音,对自己或学生的有关语音、语法、用词等诸多语言现象进行分析,也可以对自己教学的某一方面展开详细的研究。

教师可以对所收集的数据进行系统、客观、理性的反思,对行为或现象的形成原因进行分析,并探索出合理的对应策略,从而使自己的教学变得更加有效。

3. 同行观摩、合作和交换意见

同事是老师反省自己的一面镜子,它能折射出自己熟悉却又令人惊讶的日常教学画面。

开设自己的教室,请别的老师来听课、评课,听自己讲课。课后,老师们与专家们同行们一起评课,尤其是一边看自己的教学视频,可以更好地看到自己的教学成果。

旁听其他老师的课。别人的经验，对自己的进步也是有帮助的。教师可以多听课，既要听专家型教师的课，也要听其他非专家型教师的课，这样可以更好地发现自己所熟知的教育教学活动中存在的问题，并将授课人处理问题的方式与自己的处理方式进行比较，从而找出两者之间的不同之处。所以，可以观摩各级各类公开课、研究课、优质课，通过学习和对比，找出理念上的差距，分析手段、方法上的不同，进而提高自己，促进发展。

除此之外，每一位老师在教学过程中都会面对同样的难题和问题，老师们聚在一起，就课堂上出现的问题，发表自己的看法，一起讨论解决方法，在交流讨论中，对教学中的得失进行反思，最终得到最好的方案，供大家使用，实现共同提升的目标。这种方式，可以在同行间的对话和讨论中，进行更深层次的探究，扩大教师的知识面，促进教师的思维更加高效，从而将实践经验上升到理论层面。

4. 收集学生观点，开展情报调查

站在学生的角度去审视自己，能够帮助老师更好地理解、分析自己的教学。当教师在教学过程中不断地收集学生的观点时，就能对自己的教学产生新的理解。当学生按照他们的预期取得进展时，这也许会给老师带来很大的自信，但同时也会给老师带来很大的困惑。

老师在向学生请教时，最大的阻碍就是他们不肯表达自己的观点。要解决这个问题，可以采取不记名的方式；营造一种平等、互相尊重、互相信赖的师生关系，营造一种让学生感到安全的学习环境；也可使用班级调查问卷法。

另外，还可以从学生的作业、测验等教学反馈中反思教学过程，想一想为什么某个问题、某个知识点学生普遍掌握得很好或者很不好，认真回想教学设计、实施过程中的每个环节，往往会有"顿悟"的感觉。

5. 专家观摩

不定期地邀请专家（如理论专家、特级教师、学科带头人、名师、教研室教研员等）光临自己的课堂，课后认真、充分地与他们对话并积极感悟。

第三节 高校教师的教育技术应用能力

一、现代信息技术与课程整合概述

（一）论信息技术与课程整合的内容

信息技术与课程整合的具体内容包括：信息技术与传统的教学活动与媒体的整合，信息技术与学习方法与教学过程的整合。

1. 教学内容的整体性

信息化与学科的融合，引起了学科教学内容的变革。在进行综合实践活动时，不仅要

考虑如何运用信息技术来完成已有的课程目标与内容，而且要考虑到信息技术对课程内容的影响。比如，在编制统计图表的时候，要考虑怎样让学生学习运用 Excel 来生成图表，然后根据数据的特征和沟通意图来选择、分析图表。教育资源网站、专题网站等，为学生提供了丰富的知识资源，为学生提供了丰富的知识。

2. 将信息技术与传统教学活动和媒体相结合

在此基础上，运用多媒体技术进行教学，要与传统的教学有机地融合，运用多媒体技术与否，取决于学生的学习目的。同时，它还必须与其他的教学媒体进行有效的融合。任何一种媒介都有其自身的优势，但任何一种媒介都不可能解决所有的教育问题，包括电脑。媒介的运用并不能自动提高学习者对媒介的运用，而媒介运用的方式则是影响学习者对媒介运用的重要因素。一种媒介的潜能，以及对这个潜能的最大发挥作用的方式，都会对学生表达及处理资讯的方式产生影响。

3. 将学习风格与教学过程相结合

如何将学习风格与教学过程相结合，是当前教育改革中最受关注的问题之一。学习方法是一门重要的学科，信息技术与一门学科的融合不只是在教学内容上的融合，更需要在学习方法上融合。教师要充分发挥信息化的潜能，对新的学习模式进行整体设计，并将信息化融入到整个教学过程中，为课程的教学提供支持。比如，运用信息技术展开基于问题的学习、情境性探究学习、网上主题研究学习、远程协作学习等，让信息技术在教学中发挥其他手段无法替代的作用。

（二）信息技术与课程整合常用方法

1. 直观演示方法

直观演示方法是指利用实物、图片、多媒体课件等教具，将教学内容直观地呈现在学生面前，让学生通过外部多种刺激感知学习内容，充分调动多种感官，感知事物、领悟概念、掌握原理的方法。

直观演示方法有效地应用了教学的直观性原则，在学习抽象概念、复杂的设备原理、动作步骤等难以用言语表达清楚的知识内容时，可起到事半功倍的效果。如学习中学物理内燃机时，教师借助 Flash 动画演示它的四个冲程，可让学生快速掌握内燃机的工作原理。直观演示方法也是目前信息技术与课程整合中运用最广泛的一种方法。

2. 知识点切入方法

要把信息技术融入到课程中，必须把学科知识作为一个切入点。在各个学科的教学过程中，信息技术可切入的知识点非常多，教师应该将可切入的知识点充分利用起来，围绕着对知识点的揭示、阐述、展开、归纳、总结等环节，使用现代信息技术媒体，展开高效的教学，并高效地开展课程整合。学校要构建各学科的信息技术媒体资源库，并对所有的资源进行详尽的分类，确保广大教师和学生都能轻松地找到并使用，并在教学中充分发挥其独特的作用。①

3. 思维训练方法

思维训练法就是运用信息技术对学生进行思维训练和提高的方式。培养和提高学生的思维能力，是每一门课程所必须达到的教学目的。将信息技术与课程相结合，能够激发学生的思考激情，提供他们思考的机会，帮助老师对学生思维的敏捷性、灵活性、深刻性和独创性等总体素质进行培训，同时也能帮助他们更好地培养思维的创造性，比如思维的发散性、求异性、逆向性等。

目前，很多教学软件都能很好地为学生进行思维训练提供支撑。运用多媒体技术，从多个角度进行问题的提问，指导学生采用多种方式来解决问题，培养学生的发散思维能力。可以设定每一个参数的动态变化，引导学生在总结和分析的过程中，掌握事物发展和变化的规律。也可以对事物变化的过程进行模拟，或者对自然界中的现象进行展示，从而引导学生学会观察，提出猜想，进行探索，合理论证，发现规律。

4. 多种感官介入式的学习方式

在教学过程中，利用信息技术与课程进行整合，努力为学生营造出一种能够让学生以多种感官参与到学习中的氛围，让学生充分地动眼、动耳、动脑、动手、动口，并利用动手实验、操作学具、边想边做、边练来感知事物、领悟概念、掌握原理。通过多个感官的参与，可以极大地提升学生的知觉效果，让他们从被动的学习变成主动的学习。

5. 自主探究学习方法

自主探究学习方法指的是：运用信息技术，为学习者创造一个情境，使学习者更少地依靠老师或其他人，可以充分地发挥自己的主观能动性，从而能够独立地开展学习活动，从而达到教学目标的方法。

这种方法的重点是对学生进行信息分析和处理的能力训练，强调学生在快速抽取大量信息的同时，对信息进行重整、加工和再运用。最后，教师和学生共同完成对学习的评价，反馈。在教学中，教师扮演着组织与促进的角色，为学生提供基础架构、总体目标、指导与建议。

6. 强化训练方法

强化训练方法是指利用计算机软件或网站呈现练习内容，学习者通过反复练习并获得及时反馈、强化，进而掌握学习内容的方法。

尽管当前教育界比较推崇建构主义，但在具体的教学实践中，行为主义所倡导的强化训练仍有特定的意义。对那些需要通过反复强化才能掌握的教学内容，如单词的记忆、听力的提升等，是非常适合运用强化训练方法的。目前一些多媒体课件的设计专门支持这种方法，如帮助记忆英语单词的《轻轻松松背单词》，强化数学运算的《四则运算》等。

---

① 余胜泉．吴娟．信息技术与课程整合［M］．上海：上海教育出版社，2005.

7. 协作学习方法

协作学习方法是指以协作学习理论为基础，把学习置于复杂的、有意义的问题情境中，充分利用信息技术在通信交流上的优势，培养学生在问题解决中的合作意识。

合作学习是一种有效的学习方式，它能够有效地促进学生进行多种高层次的认知活动，从而提高学生的实际应用与解决问题的能力。借助于信息技术，协作式学习能够更好地开展。众所周知，信息技术具有交流便捷、跨越时空、资源丰富等特点。参与者借助信息技术可以开展跨时空的协同合作，共同解决问题；同时网络中海量的信息为问题解决提供了丰富的可参考的资料。在课程整合时，针对那些比较复杂的或者跨学科、跨领域的问题，经教师合理地设计，让学生在信息化的环境中去协同完成，这不仅能达成学科的知识目标，还能锻炼学生解决问题的能力和与人合作的能力。

8. 情境激励法

一个学科的教学效果如何，关键在于学生是否感兴趣，是否愿意学习，是否喜欢学习。情境激励法，指的是将信息技术与课程相结合，创设教学情境，进行课堂上的智能激励，让学生在面临问题情景时，能够主动地想象出解决问题的各种可能。与此同时，利用提高师生之间的情感交流等行之有效的方法，来激发他们的学习动力，让他们能够积极地、主动地参加到新知识的学习中，从而让他们对新知识进行更多的探索和发现的热情得到充分的激发。

9. 寓教于乐的方式

在一门学科的教学过程中，运用计算机教学游戏软件，将科学性、趣味性、教育性三者融为一体，可以提高学生的学习兴趣，达到寓教于乐的目的，从而对学生的反应速度、决策能力和操作能力进行了训练，让学生在一个愉快的环境中，凭借丰富的想象力、牢固的记忆、灵活的思维，取得了成功。除此之外，运用多媒体技术，开展美术欣赏、制作比赛、学生作品展示等活动，也可以提高学生的学习积极性，帮助他们掌握知识，发展能力，培养创新意识，提高创造力。

10. 创设虚拟环境方法

创设虚拟环境方法，是利用多媒体技术、网络技术和计算机技术，为学生创设一个可以充分发挥自己想象力或可动手模拟实验操作的虚拟环境，从而激发学生的学习热情，提高他们的实践能力。

在某些课程中，因各种因素的制约，无法使学生亲身体验。借助信息技术，能够为学生提供一个虚拟的学习环境，使学习者能够在其中进行体验，并在环境中主动地建构自己的学习经验。比如，在语文古诗的教学或散文的教学过程中，可以利用图片、音乐、视频、动画等多媒体元素，来营造出一种真实的学习环境，让学生去体验并感受到内容的魅力。此外，还可以通过演示一些实验现象，给学生们展示教学实践的过程与方法，从而使他们更好地了解所学的知识。在此基础上，还要对其进行动态变化的仿真，利用仿真实验，让学生能够更快地掌握操作要领。

二、高校教师对教育技术的应用

（一）网络教学

1. 网络教学的主要形式

比起传统教学的集体授课形式，网络教学具有很大的灵活性，它不要求教师和学生同时在同一地点进行教学，在不同的时间、不同的地点，只要具备了网络教学的条件，都可以实施网络教学。一般而言，网络教学主要有以下教学形式。

（1）网上集体教学

在网络教学中也会采用集体授课的形式，主要是针对重点和难点知识的学习，在这种情况下，开展小组教学十分必要。它利用了互联网上的"一点到多点"的广播功能，利用网络直播教师的教学活动对学生进行网上集体授课。

（2）个别化学习

这是网络教学中最主要的形式。学生通过教师在网上提供的课件、教学视频和学习资料进行自主的个别化学习。学生可以根据自己的具体情况有选择、有重点地进行学习，这样才能更好地促进学生的个性发展，将自主学习的能力还给学生。

（3）混合教学

这种教学通过网络和面对面的混合形式来开展，有相当一部分的课程内容通过网络进行传输，将在线讨论与面对面讨论相结合。

2. 网络课程的教学设计

"教育系统"是一种具有动态性和复杂性的体系。它是由教育目的、教育内容、教育媒体、教学方法、教学设施以及教师、学生、管理人员等多种因素共同构成的一个有机整体。要达到教学的最佳效果，就必须运用系统科学的理念和方法，从整体上去思考教育的每一个环节，从整体上去设计教学和学习的过程。教学设计指的是运用系统方法对教学问题进行分析和研究，确定解决教学问题的教学策略、教学方法和教学步骤，并对教学效果做出评价的一种计划过程与操作程序。

教学设计指的是运用系统的方法对教学问题进行分析，确定教学目标，构建解决问题的步骤，选择与之相对应的教学策略和教学媒体，并对其效果进行分析和评价的决策过程与操作过程。教学设计作为教学目标的一种具体的预演，在教学活动中起到了引导的作用，它的好坏直接影响到了教学活动的进程和效果。在进行教学设计的时候，要将网络学习的自主性作为重点，要将教学资源用于支持学习的目的，要将学习需求分析、教学目标分析、教学内容分析、学习效果的评价与反馈以及与学生之间的交流作为重点，特别要将以网络为基础的学习情境创设和教学研学策略设计作为重点。适合于网络教学的教的策略包括了抛锚策略、支架式策略、十字交叉形策略、建模策略、教练策略、合作学习策略、小组评价策略和反思策略，学习的策略包括了认知策略、元认知策略、资源管理策略，特别是资源管理策略。

（二）远程教育

1. 远程教育的构成要素

远程教育系统的内部是由多个具有一定层次结构和特殊功能的子系统和要素构成的，它们之间存在着相互联系、相互制约、相互作用的关系，从而共同实现系统的整体功能和目标。

（1）课程来源

提供远程教育的机构或单位，在决定开设课程时通常需要考虑许多因素，包括其教育使命、学生的需求与特点、机构特性、哲学理念、教师的研究领域或专长等。

（2）设计

远程教育课程的产生会涉及许多的设计专家，如学科专家、具有教学设计专长及媒体技术专业知识的人员等。这些专家需在课程目标、学生的作业与活动、教材的版面设计、教学资源的内容及互动过程的问题设计等方面达成共识，共同设计课程。

（3）发送

课程设计完成后就需要用到某些技术作为传送教学与师生沟通的桥梁，包括邮政系统、广播电视、电话、卫星、有线电视、计算机网络等软硬件设备，以及运作这些技术的机构与人员等资源。

（4）互动

远程课程设计者依据学生人数安排授课教师、辅导教师或助教，并针对教材内容与学习活动来进行师生之间、学习者之间、学习者与教材之间、学习者与媒体技术接口之间的互动。这种互动包括同步与异步的沟通。

（5）学习环境

远程学习者的学习时间与场所不定，有可能是在工作地点，也可能是在家里、教室、社区、各地学习中心等，这就使得学习更具有挑战性。有时干扰因素太多，学习容易中断，因此远程教育机构必须善用技术提供支持，远程学习者也必须不断吸收学习技巧、改变学习习惯，以成为有效率的远程学习者。

2. 现代远程教育的分类

（1）按实施的机构划分

①政府远程培训机构。政府创建的远程培训机构，在硬件和软件上都有较大的投入，长期聘用专职工作人员进行教学和管理工作，可提供包括高等教育、中等教育、继续教育和远程培训等各种层次的课程。这些专职人员不但负责远程课程的开发，而且为学生的远程学习提供双向通信和支持服务。

②普通高等院校中的远程教育部门。这一模式多数应用于芬兰、瑞典和法国。在英国，也有约100所高校提供远程教育课程，与英国开放大学争夺远程教育市场。美国和澳

大利亚的许多普通高校也在使用互联网为学习者提供远程教育课程。

③私立远程培训机构。在欧洲和世界各地，私立院校开展远程教学已有近150多年的历史，这类远程教育中的学生一般通过邮件、电话和电子邮件与学校代表进行沟通和交流。

（2）按信息交流的时效性划分

①实时交流方式。这种交流方式也称为同步交流方式，主要包括交互电视、远程会议、计算机会议、网上交流等，表现为师生双方同时处在同一个教学过程中，可以"面对面"地交流信息。其优势在于教师能够及时地给予学习上的指导，减少学生的学习困难，提高学习效率和学习积极性，但学生却难以根据个人的情况选择学习内容和进度。

②非实时交流方式。非实时交流方式也称异步交流方式，主要包括网络课程、电子邮件、留言板等，表现为师生双方并非同时处在同一教学过程中，双方互相发出的信息并未即刻被感知，通常被感知的时间落后于信息发出的时间，也就是说师生之间的交流和沟通不是同步的。这种方式具有很大的灵活性，学生可以根据自己的时间和兴趣来选择学习的内容和速度，有利于学生个性发展，但影响学习效率。

第三章 高校教师课堂教学技能提升

第一节 高校教师课堂讨论技能提升

一、讨论的目的

(一) 智力上的目的

1. 让学生学会了解不同的观点

要让学生去了解不同的人对一个问题的不同见解。在讨论中，学生只是粗略地了解与自己不同的那些论点，而只有认真去听，仔细了解对方的观点，才能对不同的见解做出反应。在讨论中，每个人都必须认真地看待他人对某个问题的不同看法和理解。

2. 培养学生多视角、多视角的学习方法

人们从不同的视角去看待事情，也会从不同的角度去看待事情，从而产生一种思维惯性。要想找到新的想法，就必须加入别人对事情的理解之中。在讨论过程中，如果能认真倾听其他参与讨论的人所说的话，从另一种角度去了解那些形成与他们自己观点相矛盾的论点的原因，那么，学生们就能更好地从不同的角度来看待这个世界。

3. 能够了解各种问题或主题的复杂程度和含糊程度

经过充分的讨论后，学生们的问题比以前多了。要让他们觉得每一门学科都很复杂，正确性都是相对性的，需要更坚持不懈地研究和思考。在讨论中会出现一些原来没有想到过的问题，这些新问题使得原以为已有定论的题目又复杂化并有变化了。

4. 提高智力的敏锐性

在讨论中，我们必须独立思考。我们在说出自己的观点后，谁也不知道，他们会面临什么样的阻力。因此，参与讨论在理智上是一种可怕的行为，如果有人对我们的观点提出异议，我们就会立刻拿出证据、理由和更多的数据来回答，而不会有时间去单独思考，这对我们的理智是一种极大的考验。

5. 鼓励倾听他人的意见

大部分的时间都花在了认真倾听他人的意见上。要全神贯注地倾听别人复杂、高度抽象、或杂乱无章、不连贯、支离破碎的看法，并试图根据自己的经历和智慧来理解，这是一项艰难的工作。在讨论的时候，我们不能只关注自己的话，更要去聆听其他人的话，了解其他人的看法。对于那些习惯于让自己的声音被人听见，而不是倾听别人的意见的人来说，这种积极主动的倾听是他们所能体验到的最宝贵的一种智力活动。

（二）情感上的目的

1. 增进师生之间关系的融洽

讨论过程中，教师应本着民主、自由的观点与学生平等地开展讨论。许多学生认为，在讨论中觉得教师更民主、更平等，教师若允许班级进行讨论也就是承认了学生不仅是被动吸收教师提供的信息和观点，也是自身学习的主动参与者。讨论要求师生之间进行互动，因此它的效果很大程度上取决于师生之间的关系，能给课堂增添亲切气氛。

2. 使学生感受到自己的想法得到倾听，自己的呼声得到重视，自己的经历得到重视

使学生认识到，在大学里，学生的自尊心是一种强大的感情基础，对于坚持学习非常重要。当学生们感受到自己的想法和观点被人认真地聆听时，他们会感到自己的想法和观点有一定的分量，他们的自我价值感就会增强，他们的自信心也会增加。这将加快他们对自我价值的认识，并可能对他们的个人、专业以及社会生活产生影响。

（三）社交目的

1. 有助于学生形成与他人合作的能力

讨论会是一种增进学生相互之间的情感的方法。小组学习、合作学习进行讨论，学生之间持久的情感联系有助于减少在大规模教学中讨论时学生所感受到的那种疏离感和陌生感。

2. 形成民主的观点

讨论应提倡发言自由、尊重少数人的观点、容忍不同意见和重在参与的精神。在讨论中，学生不但要呈现自己的观点，更要学会听取他人的意见，不能由几个人控制整个讨论过程而是要学会与他们合作。通过在自己的教室中实行民主培养民主精神，对教师来说同样是强有力的。

二、讨论前的准备

（一）仔细选择讨论题目

选择一个好的题目，学生才能有兴趣进行讨论。在规划讨论课时，要根据课程内容和学生的实际情况选择讨论题目。要小心，别挑一个已成事实或没有争议的话题。那样的话，讨论的意义就不大了，甚至可以说是背诵。要从那些在他们之前的读物中找不到答案的题目中，挑选出那些有可能得到一系列正确但却有显著差异的题目。给他们一些可以解答的问题,总好过那些非常抽象的问题。例如,"授课是否有助于知识的保存?"对于"授课是一种教育方法"这个话题而言,是一个更容易的话题。

如果学生认为问题和他们的生活没有关系,那么你所做的问题很有可能不能通过。如果能找到学生的经验与较大的题目之间的连接点,或能鼓励学生设想自己所处的假设情境和困境,并能说明做出这种设想的原因,则对较大题目的探究将会更加直接,更有意义。让学生用这种个性化的方法来对一般的话题进行思考,可以提高他们的学习兴趣。即在选题上,一要尊重课本,发掘课本中可以引起学生参与讨论的内容;二要尊重事实,大学生更注重社会事实,在他们的生活中可以发现许多他们所关心的问题。所选的主题,既符合实际,又贴近学生的生活,因此,学生很容易接受,很有兴趣,也很有说服力。准备的时候,要考虑到可能出现的风险,即当你期待能引发一场激烈的讨论,而同学们只讲了一两个字,就变得沉寂下来。所以,准备一些备选的话题,可能的话题,典型的两难境地,能引发争论的话题,以及煽动性的内容。

(二) 向学生提供准备好的材料

如果学生不了解要讨论的问题,参与讨论的人只交流了几句各自固有的偏见,那么讨论很快就会退化成相互缺乏交流、互不容忍的状态。参与者对所要讨论的问题充分了解是好的讨论的先决条件。如同在前面提到的那个例子中说的一样,要将讨论的材料呈现在全班学生面前,学生事前也有了相应的知识准备,这样的讨论才能深入,才能收到好的效果。因此,要保证每个学生在讨论之前都有机会充分掌握资料。

如何才能保证所有的学生有公平的机会获得尽可能多的相关资料?最好的方法就是在上一门课之前,给学生提供讨论题目,还要指导学生获取资料的方法。比如学校的图书馆查阅或是书店里有这些资料卖,有的可以在网上查找,那要告诉学生找资料的网址。如果所有的学生很有幸都有电脑,你就可以通过电子邮件把要让学生提前阅读的资料发给学生。也可以在讨论进行的前几个星期把资料放在你的主页上,并让学生把它们下载下来。

获得这些资料的一个最简单的方法就是在上课前把这些资料发送到每个学生手中。这要求教师提前几个月就要计划好这种开放式的课,使得你有时间查找、复印并发放资料。

让学生收到这些资料是很重要的事情,因为只有这样他们才知道下一步该做什么。学生在上课前提前阅读这些资料,大家互相传阅以便进行开放的讨论。即使是课堂中的讨论,也要提前提醒学生对上课内容进行预习、思考,经过这样的思考,学生在课堂讨论中才有针对性,讨论才能取到好效果。

仅提供给学生资料并不能保证他们会认真阅读、准备,因为学生并不会把这个放在至高无上的位置,即使是那些愿意阅读资料的同学也要挤出时间来做其他更为紧要的事情。而且他们似乎还可以在课堂上临时根据其他同学的发言,即兴说几句话,看起来也像事先准备了似的。

如果你想让学生认真地为讨论做准备,你就得向他们展示这样做是他们最大的兴趣所在。必须让学生受到某种刺激，我们可以采用这样一种方式，即要求学生以阅读材料为基础，写出一篇短文，并将这些短文拷贝带回课堂，并分发给其他同学。要想让阅读变得更有效率，也可以在读物前提出一些没有明确回答但很重要的问题，来作为指引。

（三）制定可被各方认可的讨论性规则

尽管老师们要做好讨论的准备工作，但是他们不能将自己想要的结果和目标带到讨论中去。我们要求学生在讨论中，在合作探索的过程中产生含义，而不是事先设定好要表达的含义。但是，我们也不能否认，在我们的讨论中，应该遵循一些普遍认可的原则，这样才能更好地建立一个民主的讨论过程。实践表明，如果学生能了解到在演讲过程中存在着平等和民主的原则，那么他们的参与将会变得更有积极性。

最初的讨论，乃至最初的一些部分，应该被用来制定程序和行为守则，以便引导后续的讨论。这些规则应该确保同样尊重少数人的观点，可以规定参加者提出新的话题和对已提出的话题作答的顺序，还可以限制会员的发言时间，或限制他们的最多次数。

（四）老师示范怎样开始讨论

老师认为，学生天生就有讨论的天赋，这种观点是错误的。老师可以给学生们做个榜样。你可以邀请一些曾经参加或组织讨论的同学，在没有排练的情况下，当着全班同学的面，对有争议性的话题进行讨论。在此过程中，要仔细地和同事讨论，倾听别人的观点，并以批判的眼光来看待别人的观点，不要只是个人的诋毁。

在你与同事示范讨论时，要展示他人如何提出或是如何引入新的观点。如果可能的话，在讨论中抽时间说明别人的观点如何有助于你批判地认识和审视你所持有的与他人相似的假设。对同事提出的全新的观点或你之前没有想到的看法表示感谢。但也允许拒绝接受他们的观点，也并不是只要听了同事的意见你必须改变自己的看法。应当告诉学生即便只有一个人持有异议也是完全可以的。

也可以用这种方法来告诉学生沉默是讨论必要的和不可缺少的组成部分。如果有同事向另一个同事提出了一个问题，而他没有准备好，不知如何回答时，他就应当说："我不能确定，我需要 1~2 分钟来考虑一下。"然后在这段时间好好思考，而其他人也保持沉默。当学生看到一组老师静静地坐在那儿，而其中一位老师正在思考如何回答时，学生的心灵必定会受到震惊，他们也体会到了在讨论中沉默也是可以的。

最后，教师不要把讨论变得太具表演性，使得讨论中的发言表述清晰、天衣无缝、至高无上、学术性极强，成为博学多识的楷模。这会让学生望而却步，当你说话时，有时会出现断断续续的停顿，为了寻找恰当的词汇来表达自己的意思，有时会出现口吃，思想不连贯，不断重复，停下来，为了重组自己的思想，或者说着说着就说不下去了，这些都不重要。我们应该愿意让学生看到讨论中必然会有的吞吐、停顿或废话。

三、开展讨论

（一）讨论开始时的"五不要"

确保你的学生理解了讨论的目的，确信你把讨论与学生学习的内容联系了起来，把与讨论有关的信息提供给了学生，与学生讨论形成了讨论的规则，并对学生进行了组织。现在你可以开始开展课堂上的讨论了，但刚开始的时候总是会有点让人不安。学生的情绪还没调动起来，一时还不知道说些什么，你问了一个问题但是没有人接着往下说，这时有的老师会觉得很不安，不等学生回答就自己急着给出了答案，这样做会给学生造成一个感觉，就是他们可以依赖老师，之后就不会积极进行思考了。但是，如果教师和学生在进行讨论之前已经很好地完成了前面所说的要做的准备，那么讨论进行得相对轻松的可能性就大大增加了。

在讨论开始的时候老师很可能会做这五件事，这些有可能会阻碍讨论的正常进行。因此，教师在班级讨论刚开始的几分钟内要做到"五不要"。

1. 不要过多讲解

教师应该要尽量避免以自己对这个要讨论的问题的讲解来开始讨论，因为这样做会让你在不经意间总结出你的主要观点，归纳出不同的意见，并指明自己的观点，这样做其实是在告诉学生们你觉得什么更重要。有了方向，学生们就不能随心所欲了。即使是在课堂上进行的即兴的讨论，老师也要尽可能少地解释要讨论的问题，只要向学生指出要讨论的题目就可以了，让学生自己去做。即便你很小心，很客观，你的学生仍然能感觉到你想让他们在讨论中说出的一些线索。

2. 别含糊不清

在讨论之初，避免提出一些含糊的、笼统的问题，例如："您的观点如何？""谁要反对？""谁要第一个发言？"这个问题只适用于学生之间的关系很好，可以进行民主的讨论，也适用于他们对所讨论的问题感兴趣，愿意发表意见的情况。否则，学生们会很紧张，不知道该怎么开口。在讨论的第一个阶段，你可以问一些具体而有意义的问题，这样，你的思维就会有一个清晰的"着陆点"，你就会明白你的思维从哪里切入。

3. 不偏袒任何人

讨论时，不要偏袒积极发言的学生。每一位教师都认识一到两个认真听讲的学生，他们能够清楚地表达他们的观点，使得整个讨论能够顺利地进行下去。我们都对班级中有这样一位外向、健谈的同学感到非常开心，因为我们确信，在讨论之初，他们就可以解答我们的疑问，避免尴尬的气氛。但是，对于整个班级而言，这是一种错误的观念。因为，当学生看到这种情形两到三次之后，其他的学生就会失去参与讨论的积极性。因为，他们可以根据自己的习惯，推测出这个时候应该由谁来发言，然后，大部分的学生就不会主动地去思考和参与了。

4. 不怕沉默

在讨论的过程中，学生们往往会反复思考，或者整理思路，表达自己的观点。在这种情况下，我们所能做的就是尽量保持安静，等着学生开口，而不是为了打破"僵局"急于自己开口。如果这种情形只能出现一次，那么学生就会知道他们可以依靠教师来解答问题。许多教师认为，如果没有人回答，那就说明讨论没有进行好。有学者认为，这个结论是错误的，"我们不应该认为在寂静中什么也不会发生，而是应该看看，寂静会使我们产生多少新的，清晰的思想"[①]。

5. 不要误解沉默

别以为一开始的时候，学生们就是懒散的。因为讨论具有不确定性，过程可能比较曲折，所以当我们想要重新组织自己的观点时，就会遇到支支吾吾，难以处理的问题，甚至我们自己的发言也会遇到这种问题。另外，有些同学性格内向，不善于当着同学的面表达自己的看法，他们会在心中默默地与同学的看法"交谈"，我们要鼓励他们敢于表达，但是不能强迫他们，可以通过其他的形式表达自己的看法，例如写一篇短文。难道我们不应该在争论的过程中，停下来考虑一下吗？一个有效的讨论导师，可以将沉思的寂静逐渐转化为一种普遍的、必不可少的一部分。

（二）讨论的一般原则

1. 灵活运用不同的讨论类型

讨论可以以各种不同的方式进行。不同的学科，不同的教学目的，面对情况各异的学生，教师要灵活选择不同的讨论类型，不能让讨论成为一个僵死的模式。而且在课程教学过程中，也要使讨论类型有所变化，自始至终一种方式也会让学生觉得很厌烦。

全班讨论适用于难度较低、参与性较高的教材内容。全班讨论由于参与其中的学生多，每个学生发言的时间有限，大家一起发言没有压迫感。但有的同学会在这种情况下保持沉默，有一种事不关己的感觉。这需要教师对学生进行鼓励和调动，在选择题目时难度要适中，并要考虑到学生的兴趣，保证大部分学生都有开口的勇气和机会。在我国高校课堂中一般采取这种全班讨论的方式，教师往往希望所有学生都能各抒己见，听取各种意见以便打开学生思路。这种效果只有在师生关系融洽、同学之间经常交流、每个人都愿意在公众场合发表自己的意见的情况下才会发生。但是，事实上，大多数情况下我们都是看见几个比较活跃的学生在发言，大部分同学都是担任听众的角色，有的甚至心思游离在讨论之外。在一个人数比较多的大班中尤其如此，这时我们应该可以采取更为有效的形式开展讨论。

在人数超过 50 人的班级中开展讨论比较困难，此时，我们可以将同学们分为 4 到 5 个一组，每个组都单独进行一段时间的讨论，之后大家再将注意力集中在一起。这种方式

[①] 张楚廷. 校教师教育教学技能［M］. 长沙：湖南师范大学出版社，2015.07.

能够让更多的同学来发表自己的意见，在讨论之前，可以指定一位同学，或者选出一位同学来担任讨论的组长，这样同学们就可以迅速地融入到讨论之中，并且还可以由小组长来汇报自己小组讨论的结果，让全班同学对每个小组的讨论情况都有一个大致的了解，这样就可以在整体上达到最好的学习效果。为了避免学生对一个固定的分组感到无聊，或者对一个成绩优秀的同学产生依赖，可以频繁地改变分组的形式，两人一组、三人一组、四人一组或是多人一组，每种分组都有它的优势，教师可以根据课程内容和学生的实际情况组织。

还有一种比较省时的方法即"结对子"，这是一种讨论与合作学习的结合形式。学生两人一组，或者与同桌讨论1~2分钟。两人一组的讨论对开放式的探究性讨论效果较好，但它也适用于讨论有关教学内容的中心问题。例如：数学老师在做证明题的过程中，当进行到关键一步时会停下来，要求学生两人一组接着做。几分钟后，要求学生汇报解决方案，然后根据这些不同答案，教师对使用不同方法得出的不同结论加以评述。这有助于发挥学生思维的独立性和发散性。

还有一种很受欢迎的角色扮演的形式，就是举行学生"微型辩论会"：坐在教室一边的同学为某个观点辩护，其余同学则持反对意见。如果最初同学们表达的意见显示双方辩论的结果不相上下，那么可以变通一下形式让双方交换立场为自己反对的立场辩护。

最常见的讨论形式是教师在讲课的过程中要求学生对一些具体问题发表看法。这种讨论可能持续30秒到5分钟，然后教师继续讲课。这种简单的讨论形式很普遍，因为它形式灵活，而且由于它是针对具体问题展开的，因此能实现我们在前面所提到的大部分目标。运用这种方法时，教师无需改变声音特点、身体动作或进度，利用学生的讨论就可以活跃课堂气氛。一些教学效果特别好的教师通常运用这种形式的讨论。

2. 用提问来引起讨论

高校教师常常抱怨很难使讨论开场，学生的情绪很难调动起来。事实上教师只要先确定好了讨论的具体目的，再运用一些能激发学生情感的方法就能使讨论顺利进行下去。

例如，在教学中，教师可以通过与学生的共同体验来调动他们的感情。让学生考虑一分钟内，在当代，与所讨论的问题相关的事件，或者是一段平常的个人经历，还可以让学生去考虑，在面临某种情况时会做何感想等。大学生对生活中所发生的一切都充满了好奇，他们有着丰富的经验，把这些经验结合在一起，可以提高他们参与讨论的积极性。但是，请注意，无论你用什么办法，情绪都是短暂的，所以，你必须立即开始你的讨论。

可以用提问来鼓励学生之间互相交流，在学生回答一个问题后，提出一系列的后续问题，这样的追根究底的问题能使学生集中注意力思考第一次回答中隐含的观点或假设，能帮助学生了解和表达自己已知道的内容，或者甚至连他们自己也不确定的已知内容。

提的问题可以是一个已经布置过的学习问题，还可要求学生提出1~2个问题，让学生结对子或分小组提出问题并进行讨论。

在提问时要注意具体、明确，这在前面已经说过了，还要注意的是措辞应恰当。教师要避免提出一些仅用简短的事实陈述或"对""错"就能回答的问题，这不是讨论而成了背诵。尽可能提一些没有明确答案的问题及重点突出的问题。提问时措辞要简短,问题的字数与学生回答的长短一般总是成反比。如果学生必须费力地理解教师提出的问题,那么他们回答问题的可能性就小。教师还要特别避免一种常见的习惯行为,即学生还未回答第一个问题时就提出第二个或第三个问题,接连提出问题,或者对原来的问题重新措辞,都不能激发有效的讨论。用于激发讨论的问题对学生来说必须容易理解,教师提问时应简短、精确,提问结束后不要重复地说个不停,要安静地给学生思考问题的时间。

这些提问方式可以激发学生进行讨论,在讨论进行过程中,为了能使讨论顺利进行下去,教师也需要用提问作为动力推动学生的讨论。这些问题包括以下几种类型:

(1) 引导学生讲出更多证据的问题

有时学生在讨论中表达的观点似乎与前面的发言无关,或是其他学生认为他所说的是错的。这时教师可以在大家对他质疑、打断他的发言之前,向他提出要求他讲出更多信息的问题。

(2) 要求学生深入的问题

在讨论中因为学生没有充足的时间组织自己的语言,在发言时就会有遗漏或是说得不清楚的地方,这就要求教师能抓住时机,向学生提出问题,让学生稍作思考,把他所说的内容进行深化。

(3) 联系各个发言的问题

我们组织讨论的目的,是要让学生在互相讨论中,倾听他人的观点并进行思考,以不断有新的观点产生于先前同学的发言中。当讨论进行到一定时间,教师适时地将前面的发言联系起来进行提问,可以促使学生在别人发言的基础上进行思考,提出新的问题。

这样的一些问题可以促进学生之间的讨论,并且让学生明白讨论是需要合作完成的。在讨论过程中,很容易出现这样的情况,就是每个学生都会退到自己的位置上,讨论成了只是各个独立的头脑的聚集,每个人所讲的内容与别人所讲的没有关联起来。教师提出这样一些联系性的问题,就可以让学生认真思考他人的发言,在别人问题的基础上讲述自己的观点,这样可以使讨论具有发展性、合作性,也使得讨论成为一个系列的相关看法。

(4) 概括总结性问题

在讨论中还有一种很重要的提问方式,就是教师让学生对自己刚才讲的和想的进行概括总结。这种问题可以把整个讨论连成一体,能确认重要的观点,并有利于学生在一个全面的水平上进行思考。

3. 等待

即使你提的问题很有启发性,措辞恰当,也不能保证学生一定会开始讨论。学生还要进行思考,不会马上进入讨论的状态,这时教师要做的就是等待,等待第一个学生的回答。这时培养学生的习惯尤其重要。如果学生知道老师停顿3~4秒后就会讲其他内容——很多教师只停3~4秒——那他们就会一直等到停顿结束,而不会对教师的问题进行回答。

下面的方法可以帮助你培养学生回应提问的习惯,这种方法已被许多高校教师采用并获得了成功：开始提问时，应该放松、自信；提问结束后，心里可以默数：一千零一，一千零二……一直数到一千零一十。如果学生的情感已被调动起来，或刚刚的讲课或讨论提到过相关的内容，那么不用多久就会有第一个学生响应。

如果你数到10时学生似乎还是没有反应，可以慢慢地走到一张课桌或椅子跟前，或是一面墙旁。数完数后，要保持冷静，把问题稍微改得短一些，然后再问一遍，这就是"二次提问"。还可以进一步让学生不要为可能回答错误而担心（"任何有关的内容都行"）。重复完问题之后，静静地、耐心地、慢慢地把身体靠在任何就近可以利用的固定物体上，然后重新默数。这样做所传达出的非语言信息——"看我这样多惬意，我可以这样等一整天！"定能促使学生做出反应。学生一旦习惯了在你提出要求之后就开始讨论，那么你很少会再需要这种方法。

4. 聆听

学生在讨论中最容易只专注于自己的观点，而不管其他人的想法。为了使学生养成倾听的习惯，我们可以采用让学生轮流发言的方法，并使学生们的发言相互依赖，而不得不听他人的发言，让学生学会倾听。许多教师让学生围成圈或U字形，学生互相之间可以视线接触，这样讨论比较容易进行，也更便于专心倾听。

为了让学生养成倾听的习惯，可以采取几种方法让学生进行练习。比如，可以让学生成对倾听，大家轮流做发言者和听众。演讲者的讲话时间不超过5分钟，听众要努力听懂演讲者说的每一个字，做出反应，最后转述发言人的观点或是重复发言者的话。

聆听最重要的就是要听出讲话的主题来，有时这比较困难。我们可以用听教材、电影或是看图画的形式来让学生练习。先让学生了解教材内容，尽可能地先掌握信息，这样在听的时候就可以更集中关注这些资料所介绍的内容。即使在开始时似乎理解有误，但慢慢地学生就会学会对别人的发言产生共鸣，即使是令人困惑的发言，也能达到某种程度的理解而不是马上遗忘。

一个好的老师应该是一个善于倾听的人，他的沉默并不代表他的无动于衷。相反，他们不但要从这个学生的话中听出确切含义，而且要从他的话中理解他的言下之意。在讨论过程中，老师需要认真听同学们的演讲，来判断同学们对话题的理解和与话题的关联性，从而引导同学们进行进一步的讨论。认真地听可以帮助我们了解什么时候应该鼓励他们说话。

认真聆听最大的好处之一是它能加强持续性。如果某个演讲者的观点看起来与前面所说的内容不相关，老师可以马上让学生说出与前面所说内容相关的内容，或者帮助学生解释两者之间的关系。所以，老师应该利用他们的聆听和提问的技巧，让学生们在自己的演讲和前面的观点之间建立起一种联系，并让全组的人都把这种新的联系看作是讨论带来的困难。

在讨论过程中，所有的参加者都必须认真聆听，并且至少要把他们所说的话记在心里。教师应该在合适的时间回顾学生的发言，并从小组的角度出发，用前面的发言者的观点来激励后面的人，保证讨论的连续性。这更需要教师专心倾听。

5. 回应

对学生的讨论，教师要做出必要的回应，以鼓励学生继续下去。特别是对第一位学生的发言做出的回应会影响到整个班级的发言积极性。第一个学生发言后，教师应该对他的发言进行概括，并表达一些温和的肯定意见（"我以前从未这样想过"）。如果你不怎么明白学生表达的意思，可以用问句的声调或在复述时加上这样的话："如果我没理解错的话，那么，你的意思是……"也可以让学生就他们所讲的内容做进一步解释。但是，这样做要谨慎，尤其是在学期初或在很少发言的学生面前，不要让学生有参加考试的感觉。

但是有些教师急于让学生得出某个结论，认识某个观点中存在的逻辑问题，于是不时强行推动讨论的进程，过早阐述自己的观点，剥夺了学生独立总结的机会。

还有的高校教师习惯于用一个引人入胜的事例来激发学生的兴趣，并精心设计问题激发讨论，结果却因为第一个学生发言之后自己做了一个 2~3 分钟的即兴微型讲座而使学生感到恼火。他们没有意识到，很少有第二个学生发言的原因，是学生被激发起的发言欲望被自己冗长的评论赶跑了。

因此，在回应讨论中的观点时，首先的也可能是最重要的事情就是教师不是唯一的责任承担者，对于学生提出的意见或者提出的问题，老师们最好采取缄默的态度，而给他们足够的时间和空间，让他们发表自己的意见。

在讨论过程中，教师对学生的回答要尽可能的少而精，要想对学生的发言给予最恰当的回答，取决于很多方面的因素，具体有：你对学生的了解程度、你对全班设定的目标、小组对讨论主题探索到了什么程度、已发表过什么观点以及你掌握的讨论进程。

不管你正在上哪门课程，当你对学生的意见做出反应时，尽量给他们以鼓励是一种很好的实践。在提出问题、自愿回答问题、引入新观点或大胆批评的时候，学生都是在向自我挑战，在冒险。尤其是当他们不清楚老师的看法，或者当他们作为讨论者的经验还不够丰富时，他们更需要得到老师的肯定，以给予他们信心。但老师应该给学生多少肯定，这一点还有待讨论。我们肯定表扬在对学生响应中的重要影响，但也不能不顾及发言水平上的差异，而对所有的看法都要进行大量的肯定，表扬要有新意，要有实际内容。下面的一些回应不仅很实在，而且具有连续性、完整性。

除了这些语言上的回应外，教师非语言信息对学生的回应也很重要。教师与发言的学生进行眼神交流、向他们微笑或打手势以示鼓励可以让学生感到更有信心说下去。学生在发言过程中发生困难，教师用微笑安抚他们紧张的心情，用耐心、鼓励的眼神看着他，学生会心情平静下来，从容地说出自己想说的话。教师的表情如果焦急或淡漠，学生就会认为教师对自己的发言不感兴趣，他们没有必要再说下去了。

（三）对待说话太多的学生

在讨论中总有学生说得太多，如果老师不叫停的话，他们会占据讨论的主导地位。经常发言的学生最重要的目的就是给老师和同学留下深刻的印象，从来不会注意到自己一开口，其他同学就会看着别处，眼睛转来转去，或者互相之间小声说话（"他又开始说了!")。这时，不管这个学生冗长的发言有些什么优点，教师都应该中止他独占发言的行为，保护全班的积极性和讨论的整体质量。

怎样才能既限制发言过分踊跃的学生，又不影响其他同学的积极性呢？首先，提问时不要朝发言常滔滔不绝的学生看，微微地转过身，避开这名学生，扫视其他学生，等待其他同学回答。但是，教师如果从来都不找或看着这样的学生，那就太过分了。有的时候可以立刻叫他或她回答问题，但其他时候可以渐渐地冷落他，让他马上明白这次你是否会请他来回答。这种方法能够比完全冷落的方法更快地发挥控制作用。

另一个方法就是在他尚未结束发言时从他身旁慢慢走开，但不要完全背对着这名学生。在他发言时，教师应边听边环顾整个教室，看着全班学生，同时视线还要偶尔与这位学生接触。这样可以减少一对一发言的倾向，使他面向全班发言——这样其他同学更有可能参与其中。（慢慢地从发言的学生身边走开可以促使所有发言的学生面向全班说话时声音响亮。）

通常情况下，这两种方法足以限制已控制了讨论的学生。如果有必要这样做的话，你可以先对他愿意与大家分享自己的想法表示赞许，然后再提醒他给其他同学留出参与讨论的机会。

如果问题仍然存在，那么教师还可以找这些学生私下个别谈话。进行这样的谈话非常不容易，尽管教师很委婉地表达出学生说话过多的意思，也可能会挫伤学生的积极性，学生有可能会产生一种复杂的情绪，愤怒、困窘和羞辱一起表现出来，并会觉得老师和同学在排斥他。这时，教师要尽力做出解释，并可以提出一些矫正的建议和具体的措施来化解"怨恨"。比如，我们可以提出要求在他发言之后，至少要等三个人发言后，他才可以再次发言。把问题集中在未来的行动上，学生有一个行动的目标，可以帮助学生维护自尊。

教师并要特别注意，这样的谈话应该私下进行。让学生知道这次谈话是秘密进行的，是非常重要的。向他保证这次谈话不会在班上提及，也不会对其他同学提及，这会减少学生的反叛意识。

（四）鼓励沉默的学生

教师可能在讨论中较少注意到那些极少参与或置身于讨论之外的学生。当然，沉默的学生不一定没有参与，他们只是不习惯于将自己思考的结果在大家面前表达出来。讨论的魅力之一就是观众与参与者一样投入，一样积极地参与学习活动。在讨论之初，就需要讲清楚，如果只是为了发言而发言，不会得到奖赏，沉默也不是在任何情况下都要避免的东西。

如果你对沉默的学生感到担忧，有两个办法你可以选择。首先，你可以用轮流的方式给学生分配角色。其次，你可以让学生记学习日记，或将对一个问题的想法写下来，在下课时交给你，你可以从这些书面的讨论中了解学生的想法，他们以这种方式参与讨论，心理压力也会减少得多。

当然确实有一部分学生置身于讨论之外。要发现这些学生，教师就应当在讨论过程中，随时扫视全班同学的表情，在发现哪些学生似乎愿意发言的同时，还要注意每一个人表现出的兴趣如何。教师应该与每个显得心不在焉的学生进行眼神交流，可以站在这名学生附近讲课或在全班同学的面前与他偶尔进行交谈，这样能使他参与到课堂中来。有些同学过于重视信息的获得或分数，因而讨厌讨论，认为这是浪费时间。如果讨论的过程中一直有10%以上的学生显得沉默寡言，那么你就应该考虑花在讨论上的时间是否太多了，这个话题是否确实非常重要，值得如此安排课堂时间。

大学生具备了自己查找资料，并能形成自己的观点的能力。他们大多数愿意在课堂上表达出自己的想法，也愿意与同学一起进行讨论，只是没有形成讨论的能力，教师为了讨论进行的各种准备及在讨论过程中适当的倾听、回应，以学生为中心来组织讨论，才能在讨论中形成学生批判性思维能力。

四、结束讨论

当学生在讨论中出现说小话，做其他事情，对话题的兴致降低，或对一个话题讨论的时间够长了，已说不出什么新意了，就可以考虑结束讨论或换一个话题继续。在学生感到精疲力竭之前就结束讨论会使他们渴望再次参加讨论，没有人喜欢一个冗长的讨论。有经验的教师就像一个老练的演员，在观众还希望看到更多表演时停止，对下一个表演充满期待。

当要结束一个话题时，教师可以说："关于这个问题，大家还有什么要说的吗？"这样问可以给学生一个要结束讨论的信号，如果学生还有什么要说的，也会抓紧时间提出来。

结束时，教师要对讨论做一个简短的总结，也可以由学生来总结。教师总结时，要尽量简洁，不要强加上自己的主观判断，也没有必要一定要得出一个确定的结论。讨论没有达成一致时，还可以在最后留下一个待解决的问题，让学生在课后继续去思考，成为下一次讨论的话题。

在这个阶段，老师要把学习结合在一起，和学生一起，看他们达到了什么程度，或者说，他们需要达到什么程度，也就是，怎样扩展这个讨论的结果。

第二节 高校教师课堂管理技能提升

一、科学管理时间和空间

（一）空间安排

"我们的教育从来都不是直接的，而是通过环境间接进行的。"[1] 在教学过程中，教师要充分利用好学生的学习资源，提高学生的学习效率。在此，我们主要讨论教室座位的安

---

[1] 涂诗万. 杜威教育思想的形成［M］. 杭州：浙江教育出版社，2015.11.

排，它会对学生在课堂上出现的问题行为有非常显著的影响。在一个和谐的课堂环境中，在一个和谐的氛围中，学生会有一种愉快的心情，有一种正面的情感，这样就会降低问题行为。

大学生具有了自主学习的能力，也具有丰富的知识基础。在教学中，我们应当给予他们更多的自主权，课堂教学中，除了运用讲授法外，还经常会有小组合作学习，小组间或个人间的讨论，不仅有师生之间，还有生生之间的，在学生座位的安排上要适合这种灵活的教学方式，可以很方便地移动座位，便于学生间的交流。

在传统的座位排列方法中，同学们都是一排一排地坐着，坐在最前排或最中间的同学，他们更容易融入到教室里去，同时也更容易与老师沟通。所以，为需要专心听讲的同学安排座位，可以帮助他们专心听讲。而坐在后排的学生，由于与老师之间的距离比较远，他们的注意力就会比较分散，更容易窃窃私语或做其他与上课内容无关的事，不仅会影响他们自己的学习，也让他们周围的学生感到烦。那我们可以采用定期轮换座位的方式，在下一周可以让那些坐在最后一排的学生坐到第一排来，其他所有学生则向后退一排。但是在这样做的时候，我们应该要向学生讲明我们这样做的原因，不要让学生觉得这样做是教师对他们的一种处置，而使自尊心受到伤害。

还可以增加每排的座位数，这样最后一排学生与教师的距离会接近，更容易参与到教学活动中。但这个也要考虑教室的面积和学生的人数，也不能让学生的座位密度太大。小的可活动范围会让学生觉得没有自己的私人空间，也给学生间的问题行为提供了方便，如说小话，讨论一些与课程无关的话题，吃东西等。

还可以采用其他的座位编排方式，如 U 形、环形、马蹄形、圆形等，学生与教师及学生间可以面对面地进行交谈，并可以自由地转换交谈的对象，轻松自在，气氛融洽。这就要求在布置教室时使学生的课桌可以方便移动，快速地组成想要的形状。还可以事先告诉学生组成这些形状的方法，多次练习后学生熟知了操作的方法，这样在上课时就可以节省时间。

在高校中，学生的座位是每次上课自己去选择的，这往往形成一些不想听课的学生只愿意坐在后面或是角落等不容易被老师注意到的地方，以避开老师的管理，不与老师交流。这样的学生不难发现，每次他们都会这样做，教师只要注意观察，留意一下就可以注意到这些学生。那么在上课的时候你就可以提出要求，或是临时要求最后一排的学生坐到前面来，也可以把座位围成学生面对面的形状，使他们的"如意算盘"落空，不得不参与到课堂中来。

这样的空间安排为发挥学生的主体性、在教学中贯彻以学生为中心提供了物质上的保障，在人数不多的小班，我们可以这样让学生自由地组成小组进行合作学习及讨论，但在人数较多的大班中也要进行管理，以调动起学生的积极性，尽量让每个学生都能参与到课堂中来。比如，可以把学生分成一个一个的学习小组，进行小组讨论学习，这样可以把大班化小，为每个学生都能参与到课堂活动中来提供最大的保证。

在一个大班中，教室的空间大，后面的学生与教师的距离较远，学生人数多，教师要注意到每个学生的反应非常困难。但我们也可以采取一些措施来激发学生积极参与的热情。如可利用多媒体展示课程内容，演示一些较难理解的过程，这可引起学生的兴趣，吸引学生的注意力。刚开始使用多媒体时，对学生的吸引力较大，但过了几次当教师的多媒体制作没有什么变化或新意之后，学生的兴趣就会大大降低。因此，教师在多媒体的制作和应用方面要结合课程内容更新、变化。

运用多媒体的目的是引起学生学习的兴趣，在刚开始运用多媒体时一般都会达到这个效果，但如果多媒体内容和形式一成不变，对学生慢慢地就失去了原有的吸引力。所以每次运用的时候要有新意，把大家都很感兴趣的现象带到课堂上，同时也不是直接照搬，而是通过自己的科学研究、探索，使之具有科学性，且与课程内容结合，学生自然就充满了求知欲。在制作课件时，本着课程教学的要求，对材料进行增删修改，使之更适合在课堂上呈现，既能引起学生对这个现象的兴趣，更重要的是为课程教学服务，完成学生对这一科学现象的深刻理解。

还要注意多媒体播放的时机问题。有的教师对多媒体的运用时机不当，学生把注意力全部集中在了多媒体上，使之与课程内容的联系反而淡了，混淆了课堂教学的中心。例如某教师对多媒体的处理是紧紧围绕课程内容的学习的。边讲授边播放，从容不迫，学生的兴奋点始终能集中在对课程内容的理解上，多媒体的作用是帮助学生更直观、更深入地理解课堂上的内容。在课堂上只播放与课程紧密相关的内容，其余的作为补充材料留给学生在课后自己去观看，不仅可以将课堂上的兴趣在课外继续延续，还有可能会让部分学生将对科学现象的研究作为他们的人生目标，同时也可加深并巩固他们对课程内容的理解。

学生在这堂课上，学到的不仅是知识，还有教师的这种求索精神。这个精心制作的课件让他们不禁惊讶于这个现象的奇特，教师的这种刻苦钻研的精神对他们精神上也是一种震撼。他们从中可以学到一种更为重要的严谨的科学精神。

在观看多媒体或讲解一个问题后，学生会有一些想法要说，可以鼓励学生与相邻的同学交流，甚至可以有控制地走动与想要讨论的同学进行交流，教师可以在学生中间走动，注意哪些学生没有参与进来，一般来说，看到教师走到学生中间来，学生的问题行为会减少，教师还可用微笑、目光接触等非语言信息鼓励学生的参与，随时聆听、了解学生的想法，必要时还可加入学生的讨论中，这样不管是处于什么位置的学生都可参与进来，把大班化小。

学生讨论后，教师对在学生中听到的意见进行复述，分列出来，让学生对这些意见再进行评价，得出一个"结论"。把多媒体的展示与讲授、讨论相结合。

（二）时间安排

对于很多刚走上讲台的教师来说，时间控制是一件不容易的事。有时在备课时没有将与学生互动的时间考虑在内，安排的课程内容过多，时间显得很仓促，有时认为在提出某个问题或讲授到某个内容时学生会进行讨论，但学生对这个话题似乎并不感兴趣，为这个而准备的空下来的时间会让人觉得尴尬。为了避免出现这些情况，在上课之前要对时间做出灵活的安排，才不至于出现让人手足无措的情况。时间安排得好，才能提高每节课的教学效率。

在安排时间时，先要有一个总体的规划。把一个学期要完成的教学任务进行分配，以知道你在每一节课所要完成的教学任务，这样做的好处是不会出现前紧后松，或前松后紧的现象。当然，并不是说要平均分配时间，可根据学生的情况和课程内容的难易程度，还有具体的上课过程中的情况，适当调整不同的课程内容所需要的时间。这种时间安排只是让你在心里对一个学期的课程有个大概的轮廓，而不是一个机械地必须遵守的规定。

明确了每一节的教学内容后，你就可以对每一节课的 45 分钟进行"分割"。安排好讲课的时间，学生进行讨论的时间，课堂上完成作业的时间，还有结束的时间。在分配时间的时候，要根据教学目的来决定哪个部分应该占多大的时间，例如，是以讲授为主，还是以讨论为主，同时也不能衔接得太紧，而要给各部分留出活动的空间，以免与你设想的紧凑的进程安排不同而慌乱。

本文就是以一节大学英语课为例，探讨如何合理地利用这三个问题。①在每一堂课中，制定出一个具体的教学步骤。一节课的教学内容主要有：学生展示，导入，教师解释，课堂活动，课堂检查，课后作业。教师要对每一环节所占用的大概时间进行安排，要坚持"以学生为主体"，确保精讲多练。②合理安排学生参与活动的时间。在这种新的教学方式下，英语课堂以小组协作、小组讨论为主，对于讨论的时间要做好规划，避免一道题目讲得太久，造成课时安排不当。在一些简单的题目上，老师的时间安排有时是以"秒"为准的。举例来说，在上一节课中我们已经学过的"爱"这个词，请在 15 秒内把它列出来。对于那些比较复杂的、耗时较长且不易得出答案的问题，教师在时间控制上就不能过于精细，要给学生充足的时间去观察、思考和讨论。③提高课余时间的利用率。学生上课的时间终究是有限的，要充分利用起课外的时间，可以把对时间的管理延伸到课外。教师可以有计划地把学习任务先分配给学生，让他们在课外讨论、思考完成。在课堂上直接展示就可以了，这样不仅可以节省时间，也可以促进学生的自主学习。

刚开始的时候，可以采用画表格的方式。将每节课要做的事列在纸上，确定重点是什么，大概要用多久的时间才能解决，先将这个时间列出来，再确定做其他事可能要用的时间。将时间的安排制成一个表格。但也要想到上课是一个活的过程，并不会完全按照你事先想的那样去进行，因此，在安排时间时，还要尽量预先设想一下会出现的突发情况，想出应对的策略。制表格的目的也只是为了让教师特别是一个新教师能对自己一节课的安排心中有数，但这绝不应该成为一个必须遵守的"时钟"。

二、良好的师生关系和课堂环境

课堂是一个教师与学生交往的特定的场所，几乎所有教学任务的完成都有赖于在师生之间建立起良好的关系。这种关系的重要性不必多说，大家也都明白，因为任何教学活动都是发生在师生之间的，需要教师和学生的配合，教学才能顺利进行。师生之间关系融洽、互相信任，才能使课堂教学活动这种经历不管是对教师还是对学生来说都是一个愉悦的过程。

(一) 建立良好的师生关系

在我们的高校课堂中，师生之间的关系冷淡是一种常见的现象。上课时缺乏交流，下课之后更谈不上什么交谈了，师生之间似乎只是一种"利用""工具"的关系。师生交往缺失是造成课堂问题行为的原因之一。当前我国高校一般采取大班教学，一个班的人数众多，师生间的社会需要存在差异，存在被动的交往心态，使得在大学中师生之间的交往深度和频度都不够。但我们都希望置身于一个愉快的课堂，师生关系和谐融洽，能自由畅快地交流各自的想法，师生从这种积极的活动中都能有所获益。其实只要教师肯付出努力这样做，这样的课堂并不难实现。

着手建立师生关系最简单的办法始于让学生自我介绍，并记住他们的名字。大学教师努力去认识每一个学生，没有什么能比这给学生留下更深刻的印象了。这会让学生觉得教师对自己的重视，自然就拉近了与学生的距离。其实任何教师只要有积极的态度和决心，都能够在几次上课后学会把50名学生的名字和他们的脸对上号。

可以在第一次上课时先介绍自己及一些个人情况（如家乡、在该校工作的时间、主要的爱好和个人兴趣等），这样做的目的是为学生的自我介绍提供一个榜样。然后要求学生尽可能详细地介绍自己。当学生说的时候，你要认真倾听，并将他的脸与他的名字联系起来，努力记在脑子里。下课之后，还可以对着名单，回忆一下每个名字所对应的脸，当然肯定会有一些想不起来了。第二次上课的时候，看着每个学生，试着叫他们的名字。虽然这比看着名字回忆更简单，但是只达到50%的正确率也是正常现象。当你叫错时，也不要惊慌，其他的同学会给你纠正，而你要做的是改正过来，并在稍后的时间再叫一遍学生的名字。

对于大班学生的名字，教师记忆要花的时间会更长——几个星期左右。这个可以在课堂上完成，如提问时，或与学生讨论时，也可以将学生的名字分成几批来练习，或者提早到教室练习记忆并经常使用。在课堂外遇到的时候叫出学生的名字也是一种很好的记忆学生的名字的方法，同时也是一种拉近与学生的距离的好方法。

记忆名字是高校教师为了让学生明白教师尊重学生的个人价值而能够做到的一件最重要的事，也满足了教师与学生建立个人联系的需求，同时还开辟了与学生建立师生关系的其他渠道。

发展师生和谐关系的另一种方法就是，教师提前5~10分钟进教室，尤其是在最初的几次课前，这样学生可以逐渐习惯于教师准时上课，同时，你也可以让老师在课前和你有一个很好的沟通，让你知道他们感兴趣的事情。同理，课后在教室里多待一会儿，就课上所讲的内容进行深入地探讨，既能实现教学目标，又能起到交流的作用。大多数学生都希望看到一个在课后与他们交谈得平易近人的老师，在我国高校中，有些教师踩着点来上课，下课铃一响就走了，与学生在课后的交流几乎为"零"。这也是师生关系冷漠的原因之一。

目前北京大学所采用的与学生们开展座谈会的形式对于融洽师生关系，获取学生的反馈信息，并对特定的学生进行关注效果都非常好。教师也可以采用这种方法来了解学生，为了不会占用太多的时间，可以预定好每周或每两周的一个特定的时间，定期举办与学生的聚会，地点可以是在咖啡厅，在草地上，在老师家……可以很灵活地选择一个可以让师生都觉得轻松的地方进行随意的交谈。当然教师对每次见面的目的要清楚，可以针对在这一周内课堂内外出现的问题听听学生的看法，了解学生的思想，还可以知道学生最关心的是什么。并还要注意每次受邀请的同学应该有所不同，要使全班每个同学都有参加的机会，这样才不会让学生有不公平或受忽视的感觉。

(二) 加强师生互动营造和谐的课堂环境

这里的课堂环境主要是指课堂心理环境，课堂心理环境是指在课堂教学中影响学生认知效率的师生心理互动环境。一个积极、良好、和谐、愉悦的班级心理环境，可以让学生的大脑保持活跃，对他们的智力活动起到促进作用。在这样的心理氛围中，学生的思维会变得更加开放，他们的思维也会变得更加敏锐，他们的想象力也会变得更加丰富，他们的记忆力也会变得更加强大，他们会变得更加活跃，会更容易地吸引到新的知识，并根据新的知识进行分析、综合、联想和推理，进行创造性的学习。而负面、压抑的教室心理环境，则容易导致学生的智力活动受限，思维狭隘、僵化。在课堂教学中，学生在被动地接受一些知识时，很难进行独立思考和主动探索，这对他们的创新学习是不利的。教学活动是教师与学生之间的交往互动过程，教师在课堂教学中应尽力加强师生间的互动，营造出和谐的课堂环境。

激发兴趣，提供师生互动的动力。兴趣的重要性不言而喻，"兴趣是最好的老师"，有了学习兴趣，学生才会主动地去思考和探索，也才会自觉地与老师进行交流，这是师生互动的动力。要引起学生的兴趣，教师在备课时就要有所准备，要认真地分析教材和学生的特点，认真选取鲜活的事例，向学生说明学习课程的目的、意义，向学生展示学科的发展及存在的问题，激发学生的求知欲。在教学的过程中，老师们也要将自己丰富的感情投入进去，使用生动的语言，使用和谐的动作，去引起学生的注意，让课堂教学内容生动，让学生成为课堂教学的主体。即使有些专业课内容，粗看起来有些枯燥，但是老师们也可以考虑与课程特点相结合，采取适当的教学方式，把枯燥变得生动起来。

善于提出问题，为学生和老师提供交流机会。一切思维与探索都是从问题开始的，而问题教学对培养学生的思维与探索能力起着不可替代的作用。因为问题的结果是无法预测的，所以可以让学生产生各种想法，可以将他们的发散思维完全激发出来，这对学生开展探究式的学习是有利的。让学生接触到学科发展中存在的问题和仍有争议的东西，让他们看到科学上的不成熟之处，这对培养他们的创新精神是有利的。同时，教师提问的方式也是从现实生活出发，激发了学生对知识的强烈渴望。在实施问题教学法的时候，可以使用自问自答、设问、反问等多种教学方法。这个时候，教师要把握好教学的节奏，要在适当的时候注意停顿，给学生留下思考的时间，这也方便了教师从学生的表情中了解到他们的反应，为后续的讲解和新的问题的提出做好了准备，这对师生之间的互动也是有利的。由于这种教学方法为师生提供了一个良好的交流平台，因此，它是一种很好的教学方法。在讨论过程中，除了老师的讲解和指导能够对学生的思路进行启发外，学生们所提的问题和观点也往往能够让老师获得很大的收获，从而达到"教与学"的目的。但是，要想获得良好的结果，就需要师生双方都在课前做好充分的准备。以某老师的"港口规划与布置"的讨论课为例，在上课之前，老师会给学生们安排一些综合性的讨论题目，让他们做好充分的准备。在课堂上，首先会有一名同学对某个问题进行重点的演讲，之后就会展开讨论，而教师则会在需要的时候，对这些问题进行适当的补充和提问。这样，同学们就可以在自己的思考和消化过程中，把一些零散的知识有机地组合成一个整体，最后形成自己的知识。在这样的师生互动中，学生不仅能够更好地理解所学的知识，而且能够更好地培养思考与表达的能力。

也可以在课后的课堂上使教师和学生的互动。教师在课余时间，利用批改作业的方式，可以了解到学生对教学内容的掌握情况以及存在的薄弱环节，从而可以对课堂的内容和进度进行合理的规划。在课堂上，教师可以根据自己的实际情况，提出自己的疑问，并根据自己的实际情况，对自己所学的知识进行分析，判断出自己所学的知识和技能，从而对自己所学的知识进行有效的补充；通过提问，也能激发学生讨论问题。尤其是对于一些叙述性的、浅显易懂的、举一反三的内容，一般都会安排学生进行自学，从而提高他们自己获得知识的能力，而学生在自学过程中所遇到的问题，除了可以在课堂教学中予以解决外，课外与教师的交流和互动也是必要的。

在教学中坚持师生平等、和谐民主、互相尊重的教学原则，重视师生沟通和交流，在师生互动中建立起平等、融洽的关系，营造出和谐的课堂心理环境，这反过来又有利于课堂教学的开展，增强教学效果。

第四章　高校课程的质量保证

第一节　课程体系的质量

一、课程体系的分类及设计

（一）课程体系的分类

课程体系是为达成专业培养目标和毕业要求，由一组课程、模块或项目等要素和教学环节按一定价值观和逻辑组合在一起的课程学习计划，以满足社会经济发展需要、反映学科专业特点、符合学分学制要求的限制。课程体系包含目标、结构、内容和过程等要素。课程体系因培养目标不同，其课程结构的逻辑关系也不同。本书将课程体系分为学科导向类、能力导向类、功能模块类、任务导向或项目中心类。

1. **学科导向类**

学科导向类课程体系是指在培养目标指导下，依据相关学科知识和能力要求按一定比例和逻辑关系选择并加以组织的、由课程结构、课程内容和教育教学活动过程组成的系统。学科导向类课程体系的逻辑关系以学科知识的系统性、关联性和先后顺序为前提，先基础、后专业，先易后难，先理论学习、后实习实践，先课堂教学、后课外学习。此类课程体系设置一般仅限于本专业领域的课程（专业基础课程和专业课程）、公共基础课和实践环节，较少涉及其他学科专业。培养目标一般较为注重本学科专业领域知识的理解和掌握，以及专业能力和素质的培养，使学生毕业时能够成为本专业领域的高级专门人才。

2. **能力导向类**

能力导向类课程体系是指专业培养目标和毕业要求以专业能力培养为重点，按照知识、能力和素质要求按一定比例和逻辑关系组合在一起的课程结构、课程内容和教育教学活动过程的系统。能力导向课程体系是建立在学生专业能力培养基础之上，在强调课程专业知识学习的同时，更加强调专业能力的培养。能力导向课程体系一般以学习成果作为衡量学生学习成效的载体。课程体系设置突破了单一学科专业领域的界限，以某一专业领域学习为重点的同时兼顾其他专业的内容，以保证学生能力培养的要求。能力导向类课程体系设置一般按照"培养目标—毕业要求—课程体系"的逻辑顺序来设置课程等教学环节。

3. 功能模块类

功能模块类课程体系是指为达到专业培养目标或毕业要求中的某一项或几项特定的目标和要求，而设计的一组课程结构、课程内容和教育教学活动过程的系统，它是整个课程体系的有机组成部分。比如，通识教育课程体系、创新创业教育课程体系等。一般而言，功能模块类课程体系是嵌入式的，将相应的课程模块嵌入整体专业课程体系中。功能模块类课程体系中的课程能够有效支撑该功能模块的毕业要求。功能模块类课程体系设置更多地由跨学科课程组成，并且与原学科专业形成互补、交叉或递进关系，重点培养学生特定的知识、能力和素养。

4. 任务导向/项目中心类

任务导向/项目中心类课程体系是指以任务或项目为中心而设计的、由一组课程结构、课程内容和教育教学活动过程组成的子系统，这是一个有机的整体。课程结构是一门学科在教学过程中的重要组成部分，它是一门学科在教学过程中的一个重要环节和重要组成部分。在项目中心的课程结构设计中，注重"纵向贯通、横向交叉、问题导向"，突破了各学科的界限，注重对各学科的支持，加强了科教协同、校企合作。以问题为导向，运用非结构化和模块化的设计方法，让大学各个年级的学生都能主动地参与进来。比如MIT的"新工程教育转型计划"（NEET）中的项目中心课程体系，以项目为中心设置课程，鼓励项目化学习和团队学习。

（二）课程体系的设计

现实中，高校课程体系设计的合理性没有引起足够重视，课程体系模块设计和课程教学设计的科学性体现不充分，这不仅影响到教师的教学，而且更重要的是影响到学生的学习。因此，需要对课程体系的设计理念、依据、结构以及教学活动进行科学的设计。

1. 课程体系的设计理念

（1）学生中心、成果导向和持续改进

课程体系设计首先需要以一定理念为指导。由于课程体系是由一组课程或教学活动组合在一起的系统，因此，厘清课程体系与培养目标和毕业要求之间的关系、课程与课程之间的相互关系，就变得十分重要。以学生为中心、以学生的学习为中心、以学生的发展为中心，课程设置将为学生毕业后若干年的全面发展和职业生涯发展奠定基础；学习成果不仅成为检验学生学习成效的重要载体，而且，也是课程体系设计的重要依据，课程教学目标、教学内容和教学方法、考核方式更需要以学习成果为导向进行设计；持续改进的理念一方面体现在课程体系设置的不断完善，另一方面体现在教与学过程的不断改进。

（2）专业教育和通识教育的平衡

首先，专业课程体系要体现专业的特点，将专业的核心课程纳入课程体系中，以利于培养学生适应今后专业工作岗位和进一步深造的要求。其次，通识教育在培养全面发展的人的过程中起到非常重要的作用，特别是培养学生毕业要求中的非技术能力。专业教育大多反映了教育的工具性目的,而通识教育更多地反映了教育的本质性目的,两者之间做到平衡非常重要。专业教育和通识教育的平衡应与高校的定位和特色相联系。一般而言,研究型大学本科专业的课程体系更强调建立在通识教育基础上的专业教育,以通才教育为主导,通识教育课程占有一定比例。对于应用型大学,本科专业课程体系更为强调专业性,以满足就业市场的需要,以专才教育为主导,通识教育课程占比较小。通识教育通常与专业教育形成互补,如工科学生可以选修一些人文艺术类课程,使学生的知识结构不断完善,成为一个全面发展的人。

(3) 创新教育与能力培养的有机结合

从知识掌握到能力培养,教学发生了根本性转变。能力培养要求具体落实在课程等各教学环节中。专业能力培养既包括技术能力,如专业知识理解、应用、评价、创新能力,也包括非技术能力,如团队合作、沟通、终身学习、批判性思维能力。由于创新教育与能力培养密不可分,是通过课程、项目和实践环节等实现的,因此,创新教育也需要融入到各教学环节中。除了课堂教学之外,将创新教育渗透到第二课堂等课外活动中也不失为一种有效的方法。有一些高校,为了增加创新教育的效果,单独设置创新教育课程,并作为通识教育的一部分。也有一些高校设置一系列创新教育活动模块,作为学程,独立于专业课程体系之外。不管创新教育形式如何,培养学生创新意识和创新能力已成为本科教育的一项重要任务。

(4) 基础教育与专业教育的有效衔接

基础教育和专业教育的教学内容因不同学科专业领域而异。工科学生的基础教育需要有扎实的数理基础知识,需要有厚实的专业基础知识和方法论,为今后的专业学习打下基础。随着本研一体化课程体系的开发,本科阶段的课程体系更强调专业基础的重要性,而研究生阶段的课程体系更强调某一专业领域的专业性。特别是研究型大学,本研一体化课程体系已成为高校教育教学改革的方向。另外,课程与课程之间的有效衔接也能更方便学生学习理解相关知识。高校本科课程体系设置过程中,强训"厚基础"是十分必要的,掌握扎实的基本理论、基本方法将为学生今后的专业学习打下扎实的基础。不同学校对待基础课程和专业课程比例会有所不同。就研究型大学而言,基础课程(含公共基础课、专业基础课)比例相对高一些。

(5) 专业课程与学科交叉课程的有机融合

随着教育教学改革的不断深入,学科交叉课程在课程体系中将得到重视。特别是新工科、新农科、新医科、新文科的建设,把学科交叉课程列入重要的建设内容。如有的学校要求专业课程体系中必须设置一门学科交叉课程,也有的学校要求在专业课程中体现学科交叉的内容。无论哪一种形式,学科交叉、跨学科课程的设置日益成为专业课程体系设置的新趋势。另外,以任务导向或项目导向的课程体系更是以跨学科课程的学习为基础,为了完成共同的项目,组成项目团队进行跨学科学习和研究。因此,专业课程与学科交叉课程的有机融合也是课程体系设置过程应该考虑的因素。只有这样培养的学生今后更能适应全球不断变化的工作环境,更能具有应变能力。当然,交叉课程的设置需要根据培养目标而定，与毕业要求相契合。

2. 课程体系的设计依据

以学习成果为导向的课程体系设计要求反向设计，才能保证课程体系能够支撑毕业要求所要求达到的专业能力，最终满足培养目标。课程体系设置须有师资队伍和教学条件予以支持，这些师资和环境条件是课程体系实现的基本保证。

（1）培养目标是建立课程体系的出发点

培养目标是指毕业生在毕业后五年左右能够达到的职业能力和专业成就的总体描述。培养目标的确定需要考虑以下三方面：

一是符合国家发展战略和教育政策。教育是实现国家发展战略的基础，专业人才培养目标需要瞄准国家发展战略并且符合教育政策。专业课程体系的设计应符合国家发展战略和大政方针，坚持立德树人，培养社会主义的合格建设者和可靠接班人。课程体系设计中要把育人放在首位，不仅需要设置一定比例的思政课程，而且还要将思想政治教育的内涵融入每门课程的教学中，促进形成"课程思政"。

二是适应社会经济发展需要。人才培养必须适应社会经济发展需要，课程体系的设计合理与否将关系到学生毕业就业岗位的适应性。虽然专业人才培养不单纯以就业为目的，但是培养适应社会经济发展需要的人才一定会受到社会用人单位的欢迎。同时，随着社会经济的快速发展以及科技的不断进步，在课程体系设计过程中，需要将科技发展、学科发展的前沿知识融入到课程中，需要适时更新教学内容，丰富教学手段，使学生了解和掌握必需的知识和技能，具备良好的思维能力和实践能力以及终身学习能力。学生在本科毕业时，能够适应快速发展的经济社会的变化，主动适应就业岗位的要求，为进一步深造打下坚实基础。

三是满足人的全面发展和终身发展需要。本科阶段是人的价值观形成的重要阶段，也是为人的全面发展和终身发展奠定扎实基础的阶段。这就需要本科阶段的课程体系设置不仅体现专业能力的培养，而且要帮助学生树立正确的人生观和价值观，融育人于教学活动中。同时，课程教学不仅需要知识的传授，更重要的是能力的培养和素质的提高。通过课程的教学内容、教学方法等设计，帮助学生形成良好的职业伦理道德，帮助学生具备适应未来职业生涯发展的能力和潜力，为学生的全面发展和终身发展服务。

（2）毕业要求应能支撑培养目标和对接课程体系

毕业要求是学生在毕业时应具备的职业准备能力，是形成未来职业能力和素养的基础。根据不同的专业和学校的不同，不同的专业和学校的培养目标，毕业要求的表达方式也不尽相同。在制定毕业要求时，应注意两点：一是要为培养目标提供支持；将专业的培养目标转化为学生毕业时明确、公开和可度量的具体的能力要求，而且毕业要求能支撑培养目标的达成。特定的能力需求既有技术需求，也有非技术需求。例如，在工程教育的专业证书中，技术要求包含了以下内容：工程知识、问题分析、设计开发、研究、使用现代工具等能力要求，非技术性要求包括工程与社会、环境和可持续发展、职业规范、个人和团队、沟通、项目管理、终身学习等能力要求。毕业要求的设计要围绕培养目标。二是毕业要求能对接课程体系。毕业要求为课程体系的设计提供依据，起到承上启下的作用。课程体系的设计需要根据毕业要求具体落实到各门课程或教学活动中，并且在课程教学目标中反映出来。为使课程目标与课程体系的对应关系更为明确，可以将某一毕业要求细化为若干指标点。

（3）体现专业特色并考虑约束条件

每个学校在制订专业课程体系时，必须体现其专业特色。专业特色应在学校办学过程中得到传承和创新。一方面由于各个学校的办学定位不同，办学传统和学科优势不同，因而同一专业其课程体系设置不尽相同，同一门课程的教学内容也有差异；另一方面，各学校的师资队伍和教学资源配置也有明显区别，在设置课程体系时须考虑其影响专业发展的约束条件，既保证课程体系设置的合理性又保证其可行性。事实上，高校开设新专业或是改造传统专业，都应该满足专业设置的基本条件，并在此基础上改善资源条件，做精做强，努力体现专业特色。只有体现了专业特色，才能保持学校的学科优势。

3. 课程体系的结构设计及分类

课程体系结构反映了各类课程（实践环节）的设置内容、比例，以及课程之间的逻辑关系。一个完整、合理的课程体系结构是实现培养目标和毕业要求的基本保证。在课程体系设计阶段，可以借用课程图谱使课程体系可视化，形象地表示各课程体系要素之间的相互关系、内容和顺序。设计课程体系结构时，主要考虑以下几个方面：①聚焦学习成果，从培养目标、毕业要求到课程体系的反向设计，形成培养目标和毕业要求、毕业要求和课程体系、课程教学目标和毕业要求的对应关系矩阵，并且课程教学内容、教学方法、课程考核方式、考核评价标准都要有利于课程教学目标达成。②整合约束条件，包括学制、总学分、学时、理论和实践环节比例、必修与选修比例、专业方向课程群、师资队伍、实验实习等教学条件等。特别是要明确所有必修环节。③制订教学大纲，设计具体课程的各教学活动，包括讨论、作业、测试、考核等的安排，形成性和终结性考核评价。并且考虑生源质量、学习基础，安排好补修环节、免修环节等。

在课程体系结构设计前，需要收集专业层面的基本信息，包括学科知识、学生的学习基础和态度、社会需求发展等。也要收集操作层面的信息，一方面是外部评估要求、学分限制、经费和人员限制，以及现行课程体系的有效性问题、来自利益相关者的意见反馈；另一方面收集来自专业培养方案自身的信息，如培养目标、毕业要求、可利用的时间和资源、学生因素、相关研究等。

根据课程体系中不同课程类型的结构布局，可以将课程体系结构主要分为金字塔形结构、多柱状结构、嵌入式结构等。

（1）金字塔结构

金字塔形课程体系的结构底部宽、上部窄，课程类型自底而上依次分为基础课（含通识基础、公共基础课）、专业基础课和专业课。这种结构的课程体系稳定，通识基础和公共基础课比例较大，专业基础课的安排也占了较多的学分，专业课比重较小，因此，培养学生具备深厚的基础知识和能力。如果金字塔形结构中，基础课、专业基础课和专业课的比例相当，该结构就演变成方形结构。当专业课比重过重时，将变成哑铃形结构或梯形结构。一般而言，研究型大学课程体系的金字塔形结构较普遍，而应用型大学则专业课比例偏高。

（2）多柱状结构

多柱状课程体系的结构呈现多个柱状分布，每根柱子代表不同的学科领域课程，柱子的长短不一，粗细不等，由此构成的课程体系大多适用于多学科交叉的专业。各根柱子可以由专业基础课和专业课组成。而每根柱子也需要植根于基础课（含通识基础、公共基础课）。因此，多柱状结构的课程体系强调多学科知识对于学生能力培养的贡献，强调横向的交叉渗透。这种结构多用于"项目中心"的课程体系设计，也可用于新工科、新农科为医科、新文科等新兴专业。在专业方向课程群设计过程中，该结构不失为一种可靠的结构。

（3）嵌入式结构

嵌入式课程体系的结构是将某些课程模块嵌入到整个课程体系中，以实现某种特定的教育功能，如创新创业课程体系、通识教育课程体系等。嵌入的母体可以是金字塔形结构，也可以是多柱状结构课程体系。嵌入的课程可以是通识课程或公共基础课，也可以是专业基础课或专业课，嵌入的课程之间相对独立，没有紧密的前后顺序关系。嵌入式结构课程占整个课程体系的比重因需而定。一般而言，嵌入式结构依附于金字塔形结构或多柱状结构而存在。

二、课程体系的组织实施

有效做好课程体系的组织实施工作，是学生的预期学习成果得以实现的重要保证。现实中，高校课程体系实施的有效性监控力度有限。因此，应强化课程体系组织实施的有效性，从而保证课程体系的实施效果。课程体系的组织实施主要依据专业培养方案，需要在课程建设、教学条件保障、教学任务安排和教学活动实施、学习成果考核等方面加以具体落实。

（一）课程建设

课程建设是课程体系得以落实的根本保障。一般而言，课程建设工作需要在学院和专业负责人的统筹安排下，由课程负责人具体负责。若是通识教育等课程，则由学校层面统筹，由课程负责人具体负责。

1. 学校层面统筹规划通识教育、公共基础课以及学科交叉课程的建设工作

通识教育课程、公共基础课以及学科交叉课程依赖于学校教学管理部门统筹规划和协调。专业对应开设的通识教育课程、公共基础课以及学科交叉课程名称，课程对应的预期学习成果须由各专业提出，并经学校教学管理部门分类统筹，组织相关开课学院研讨，然后制订课程教学大纲。课程教学大纲中明确课程目标和培养的能力要求。由专业学院选用适合自己专业的课程，并按规定的程序审核通过后执行。

2. 学院层面搭建专业基础课（含专业平台课）、实验和实习等实践环节的建设平台

学院层面需要搭建本学院若干专业的专业基础平台，开设专业基础课以及相应的实验课程，同时要安排好实习等实践环节。在以学习成果为导向的课程体系中，实验、实习、毕业论文等实践环节对毕业要求起到支撑作用，并体现在每个教学环节的学习成果上。一方面，学院层面做好统筹安排，做到教学资源共享；另一方面，要为任课教师修订各实践环节的教学大纲提出要求和指导，以保证学院层面课程的质量。

3. 专业层面做好专业课、毕业设计（论文）等教学环节的建设工作

专业负责人要真正负起责任，组织教师做好专业课、毕业设计（论文）等教学环节的建设工作。专业课一般安排在基础课和专业基础课完成之后，具有很强的专业性，对毕业要求中的技术性要求支撑作用大，对学生的职业发展有直接的帮助。而毕业设计（论文）是学生本科阶段学习成果的综合反映，是将所学知识和能力运用到研究或实践中的具体表现。因此，毕业设计（论文）的实施对专业人才培养至关重要，需要在选题、开题、中期、答辩等各个环节把好关，以保证毕业设计（论文）质量。

（二）教学活动实施

课程体系中的各项教学任务由学校教学管理部门、学院和专业的相应教务人员负责，需要根据学校教学管理的规章制度，以及学时数、师资、教学设施等教学环境条件，合理安排落实，并由教师、实验人员等具体完成相应的教学任务。

教学活动的组织实施就是将课程教学大纲的各项内容予以具体落实的过程，以完成课程教学目标，从而为培养目标和毕业要求的达成提供支撑。教师应按照课程教学大纲的要求，认真备课，组织实施教学活动。在教学活动的实施过程中，通过适当的教学方法、合理的课内外联动，关注学生的学习成效，帮助学生专业能力的达成。

1. 运用适当的教学方法提高教学效果

任何教学方法的运用，均与教学内容相关。随着信息技术的不断发展，信息技术与高等教育的深度融合已成为现实。人工智能、云计算、智慧教学、虚拟现实、大规模在线开放课程和小规模私人在线课程等已深入课堂教学中。基于问题的学习、基于项目的学习、支架式学习、在线学习、虚拟实验等学习方式正不断地帮助学生获得更多的学习体验，在丰富课堂教学信息量的同时，也提高了学习效果。研究式学习、启发式教学、团队协作、教学互动、讨论课、小班课等形式在课堂教学中得到普遍采用。当然，有一些教学过程也需要利用板书，比如数学公式的推导和演算等。教学方法的选择要有利于课程教学目标的达成，能激发学生的学习兴趣，启发学生思考，引导学生研究性学习。

2. 关注和培养学生的专业能力

由于每门课程的教学活动围绕课程教学目标而设计，因此，教师在教学活动中应始终关注学生的专业能力发展。教学内容的深度、广度适当，反映相关学科发展前沿；教学方法注重能力培养，符合学生的认知规律和心理特点，有利于课程教学目标的达成。由于本科阶段对于学生终身学习和职业发展至关重要，因此，教师在教学活动的实施过程中，注重培养学生的专业能力，包括运用专业知识和技能解决问题的能力、研究能力、管理能力、创新思维和实践能力、批判性思维、交流沟通能力、终身学习能力等。

3. 实施合理的课内外联动机制

精心开展课程教学设计，合理安排教学活动，包括学生课内外学习时间。由于培养方案受课内学时数的限制，分配到每门课程的周学时有限。因此，教师需要根据教学大纲要求合理做好课内、课外的安排。传统的课堂教学中，教师注重课堂讲授，并布置课外作业让学生巩固学习效果。而翻转课堂这种学习模式，则要求学生在课外通过在线学习、查阅资料等方式先行学习课程内容，然后在课堂上以小组讨论、师生互动的形式解决自学过程中遇到的问题。另外，第一课堂和第二课堂在学生能力培养方面相互补充，有些能力需要在课外的社会实践中得以提升。因此，实施合理的课内外联动机制必不可少。

（三）教学条件保障

课程体系的组织实施应有师资和教学设施等教学条件予以强力保障。由于课程体系按照专业培养目标和毕业要求进行设计，是课程设置理想化的体现，而其实现则离不开高质量的师资队伍和良好的教学条件，如课堂、实验、实习等教学环境以及图书馆、计算机网络、信息技术条件等。

1. 教师队伍满足教学需要

教育目标的达到和改革的成功取决于教师队伍，激励教师创造条件以及作为关键因素的专业责任，在个人学习和教育系统成功，吸引教师通过适当的社会对话进行可持续教育改革。首先，课程体系中的每门课程均要落实任课教师。任课教师须具备高校教师资格，同时能胜任该门课程的教学工作。教师队伍一般以专职教师为主，也可适当聘请校外有资质的人员作为兼职教师参与教学活动。一门课程可以由一名任课教师承担，也可以由多名教师组成的教学团队承担。课程体系中的专业课和专业基础课的教学任务一般由专业学院落实，而通识课程和公共基础课程大多由学校的公共课任课教师或其他学院教师承担。专业教师队伍的数量应满足国家标准的最低要求。生师比即学生人数与任课教师人数的比例一定程度上反映了学校教师队伍相对于教学需求的情况。生师比也决定了课堂教学的规模，教师人数相对学生人数的比例越大，越有条件开展小班化教学，也越有利于高质量地开展教学活动。

其次，任课教师参与编写课程教学大纲并做好教学设计。为保证任课教师完成本课程的教学任务，帮助学生学习成果的达成。任课教师需要深刻理解专业培养目标和毕业要求，明确本门课程的教学目标，并和课程负责人一起参与课程教学大纲的编写。课程教学大纲的主要内容包括：课程教学目标、课程教学目标与毕业要求的对应关系、教学内容和考核评价方式与教学目标的对应关系、考核评价标准、参考书目等。任课教师还需要按照本门课程教学大纲的要求，认真备课，做好教学活动的教学设计，保证通过每项教学活动，学生在知识、能力或素养方面得到增值。

2. 教学环境支撑教学需要

教学实施需要良好的课堂、实验、实习等教学环境以及图书馆、计算机网络、信息技术条件等。随着信息技术与教育的深度融合，智慧教室、在线学习平台为课堂教学和教学改革注入了新的活力。信息技术手段的运用帮助教师更好地开展教学活动，不仅丰富了教学手段和方法，也为开展课程考核评价创造了条件。虚拟实验、远程实验、在线实验等越来越多地得到运用，实验室设施和条件得到不断改善，都为开展实验教学创造了条件。

另外，高校要积极进行校企合作，开展实习基地建设，为学生参与工程实践、生产实习创造条件。学生的创新意识和实践能力培养需要融入每个教学环节，特别是通过企业实习等实践教学，不断培养学生创新精神，提高学生的实践能力、解决问题能力。将理论与实践相结合，在实践中不断加深对理论的理解，培养能力、锻炼才干。同时，参与企业实习实践也可为学生今后的职业发展提供经验，以便学生能够快速适应工作环境。

3. 科研成果促进教育教学改革

课程教学内容是课程教学目标得以实现的载体，课程教学内容围绕课程教学目标进行组织。为培养学生的专业能力，课程教学内容需要反映学科专业领域的前沿动态和科研成果。教师应结合自身的科研方向，将科研成果及时消化并反映到课程教学中，形成高阶性、有深度和挑战度的"金课"，保证良好的课堂教学效果。这就需要教师做到"产学研"相互融合，将科研成果及时转化为教学内容，积极进行课程教学改革。也就是说，要在课程深度上下功夫，具有一定的挑战度，培养学生具有运用、分析、评价、创造等高阶思维能力。

教师将科研成果融入教学过程中，也有利于激发教师上课的积极性，特别是为教授参与本科生课程教学提供了动力。目前，教授还不能完全做到100%为本科生上课，其中一个重要原因是教授忙于做科研，无暇顾及本科教学。如果教授及时把科研成果转化到课堂教学中，他们可以从学生获得感中得到对其科研成果的认可，也可以从教学相长中获得对科研工作的启发，使得教学与科研相互促进。同时，在课程设计、毕业设计（论文）指导过程中，教师的科研思维和方法也有助于学生创新意识和实践能力的培养，帮助学生提升专业能力。

三、课程体系的管理与保障

课程体系的管理和保障是高校质量保证体系的重要组成部分，也是质量管理的核心内容。课程体系设计、实施和评价离不开管理机制和保障机制这两大机制保障。课程体系的管理机制强调高校质量管理的特定任务和管理职责，学生能力的合理界定以及满足人才培养所需的资源分配等条件保障。而课程体系的保障机制主要围绕课程、课程体系所建立的系列制度、采取的措施和开展的活动，从而保证人才培养目标的实现。

（一）课程体系的管理机制

合理有效的管理机制是实施教学管理、提高管理有效性的根本保证。从人才培养的需求出发，职责清晰的分级管理、学生能力的合理界定以及满足教学需要的资源分配机制是主要的管理机制。

1. 以人才培养为主线的分级管理机制

高校的功能包括人才培养、科学研究、社会服务和文化传承等方面，而人才培养是高校的根本任务。一般而言，高校应设立三级管理体系，包括学校、学院和教学基层组织，各有其特定任务和管理职责。围绕学校教育使命和办学定位，针对课程体系中的通识教育、专业教育和课程教学，合理设定任务和管理职责。具体来说，学校层面制定学校教育使命、制定通识教育建设规划并负责实施；学院层面制订专业培养方案并负责实施；教学基层组织支持与监督教师制订课堂教学方案并负责实施。

学校教育使命要表明本校在本科教学上坚持的方向和价值观，是整个系统的核心和灵魂。教育使命反映的是学校的自我定位和目标追求，为所有利益相关者提供方向和价值观，以便凝聚各方力量办好本科教学。学校层面除了教学管理部门外，还应设立教师教学支持中心，负责为教师提供教学咨询和培训，学习与传播先进的教学理念和方法，支持教师进行教学改革和创新，健全统一的课堂教学规范，营造学校质量文化，从而提高全校教学质量。教学支持中心应设有教学设计人员，直接服务一线教师和教学改革。另外，学校层面还要设立质量管理部门，负责收集、整理、分析、汇报全校教学信息，为学校内外部教学评估提供信息支持，包括系统收集和分析全校教学运行方面的信息，以支持本校教学方面的决策；外部认证评估时，代表学校做好信息支持方面的工作。学校层面还要求做好全校所有专业的通识教育建设规划，满足不同专业学生的通识教育能力要求。学院层面应做好专业培养方案，根据专业人才培养的能力要求设置专业课程体系，并负责实施。而教学基础层则强调组织落实课程教学任务，保证教学质量。

上述的职能要求必须落实到责任人。学校的分管教学副校长应在教学基本制度、公共课排课、学籍管理和教学资源等方面对学校教学管理职能部门予以指导和监督。专业负责人对院长负责，可设专业秘书负责专业与课程之间的协调。院长负责监管专业质量及资源配置。专业必须符合学校规定，学校定期对专业进行审查。对于达到基本质量标准和有竞争力的专业都应给予支持，反之则停办。教学基层组织，如系或教研室的任务是支持教师做好教学工作、监督课堂教学质量、负责处理所有和课堂教学有关的问题，并负责安排教师工作、教师年度工作绩效评价，负责维持日常教学秩序。教师应认真上好每堂课，关心学生成长和发展，完成规定的教学工作量。

2. 以学生能力培养为核心的能力界定机制

对学生通用能力和专业能力的界定，一方面要考虑该专业的外部评估和认证标准，另一方面也要考虑学校的专业优势和特色。先确定培养目标，然后再确定毕业要求中反映的学生毕业时应达到的通用能力和专业能力要求。不仅要根据社会经济发展对人才的要求，而且还要根据用人单位、校友等调查和数据分析，科学合理地界定学生能力。这个过程也需要任课教师积极参与。能力界定需要按照一定的流程进行，确保人才培养目标的实现。

3. 满足教学需要的资源分配机制

高校内部建立满足教学需要的资源分配机制也是课程体系管理的重要保障。这里所说的资源主要包括两个方面：一是教学队伍，二是教学条件。学校的资源分配机制，一方面要满足基本的教学需要，另一方面则要向优势专业和课程倾斜。合理协调运用问责机制和市场机制，合理管控和下放办学自主权。

首先，合理运用问责机制守住底线，确保教学所必需的资源。在教学队伍方面，高校要按照《本科专业类教学质量国家标准》要求，合理配置师资规模与结构，以保证培养目标、课程设置和教学时数、学生规模对本科专业教师的数量和质量要求。同时，在保证专任教师质量的基础上，聘请一定数量的兼任教师，并保证兼任教师的教学资格和教学水平符合教学要求。高校还要为教师提高教学能力和专业发展创造条件，并确保教师的教学工作量以满足教学需要。在教学条件方面，高校应当为学生和教师提供能够满足教学科研需要的信息资源，提供必要的设施和设备，并确保生均教学经费的投入。其中，生均教学经费的投入至关重要，特别是实验、实习经费，必须达到生均教学经费的基本要求。保证生均拨款比例占教学经费的大部分，按项目拨款的比例应占小部分，而不能本末倒置，以确保专业有足够的办学经费。高校只有运用好问责机制，才能确保满足教学需要的资源落实到位。

其次，合理运用市场机制调动专业建设的积极性，争取更多的教学资源。专业是整个内部教学质量保证体系的重点，需要运用市场机制强化优势专业，办出特色。市场机制主要表现在专业设置管理、资源配置和专业建设管理等方面。专业设置管理方面，在保证国家发展战略需求的前提下，根据学校办学定位，合理设置和调整专业结构，满足社会经济发展对人才培养的需要。对于有办学积极性又有办学实力的专业要积极鼓励，加大投入。资源配置方面，在保证每个专业基本办学资源的前提下，将资源向优势专业倾斜，从而保持学校的专业特色。专业建设管理方面，鼓励教师积极参与专业建设和教育教学改革，将更多的时间和精力投入本科教育教学中，上好每堂课，关爱每个学生。

（二）课程体系的保障机制

高效的课程体系保障机制是实施教学管理、提高执行有效性的基础。围绕课程体系运行和课程教学，需要建立"目标、课程、教学、评价"一体化设计机制、基于大数据的课程教学过程质量常态监测机制、以"学"为中心的课程质量持续改进机制，以及教学督导、专项评价和数据监测联动机制。

1. "目标、课程、教学、评价"一体化设计机制

首先，高校要提出特色鲜明的教育教学目标，在学校使命、通识教育、专业教育、课程教学等方面的目标与标准要清晰,并建立明确的质量评价要求。将质量目标、培养目标、课程教学目标联系起来。通过"质量目标管理—职责资源管理—过程管理—监控分析和改进"的外循环,建立高校内部质量保证体系;通过"培养目标—毕业要求—课程体系—师资和教学条件持续改进"的中循环,建立课程体系的质量保证;通过"课程教学目标—课程教学内容教学方法—课程教学—课程考核评价—教学改进"的内循环,建立课程的质量保证。

其次,在"目标、课程、教学、评价"一体化设计过程中,要体现系统论思想和全面质量管理思想,建立培养目标和毕业要求、毕业要求和课程体系之间的矩阵关系。同时,协调和处理好通识教育和专业教育、专业教育和课程教学之间的关系。鼓励教师参与专业培养方案的制订,确保他们对专业质量的责任心。在确保质量前提下,设置的必修课程应尽可能少,避免内容重复,并充分利用教学资源;要明确每门课程的贡献与责任,明确各门课程之间的配合关系;课程必须覆盖到专业的所有毕业要求。只有建立一体化设计机制,才能保证课程体系质量和课程质量。

2. 基于大数据的课程教学过程质量常态监测机制

首先,课程教学大纲应提出明确的学习成果及衡量评价方式。各个环节用什么方法教学,用什么途径和什么方法进行成效检验,以保证教学目标与学习成效的对应关系。课程教学过程中,学生的形成性评价由哪几部分组成?各种形成性评价的评价标准是什么?对应评价学生的哪些能力?这些都是教师在课程教学大纲和教学设计时应予以考虑的问题。

其次,应充分利用现代教育技术和信息化手段,建立基于大数据的质量常态监测机制。数据的产生、收集、分析和反馈须由一套机制予以确立。数据来源一是由课程教学过程中直接产生的数据,二是由问卷调查、访谈所得到的间接数据。通过管理信息系统反映数据收集情况,根据需求进行数据挖掘和分析,并将结果通过不同渠道反馈给教师、学生和管理者。通过常态监测机制的建立,帮助教师提高课程教学质量,帮助学生完成学业,为学生提供预警、学习支持等服务,帮助管理者提高科学决策的水平。

3. 以"学"为中心的课程质量持续改进机制

首先,以"学"为中心体现在以学生学习为中心。通过教师的"教"和学生的"学"以及师生互动,使学生获得学习成果所要求的知识、能力和素养。通过课程教学过程质量常态监测的数据分析结果不断改进课程质量。持续改进机制的建立,有利于定期开展课程评价,确定课程评价内容、评价方式、评价标准,并将评价结果用于提高课程教学质量。

其次,以"学"为中心体现在以学生学习成果为中心。通过学生的学习以及对学生学习成果评价,考查学生掌握知识、发展能力和提升素养的程度。通过学生对本门课程的访谈和问卷调查,了解学生在学习过程中遇到的困难,从而有针对性地给予学生帮扶,改进教学方法、提高教学效果。

最后,以"学"为中心体现在以学生发展为中心。通过课程学习,培养学生伦理道德、终身学习能力、沟通能力、团队合作能力、批判性思维和国际视野,使学生具备可持续发展的能力。在课程教学中融入育人的元素，为学生的可持续发展打下坚实基础。因此，课程质量的持续改进也应包含对学生非技术性毕业要求方面。

4. 教学督导、专项评价、数据监测联动机制

首先，高校要明确各级管理主体以及相应的责权利，并且要明确相应的绩效要求或是绩效考核评价标准。只有采用适当的工作机制，才能确保质量保证体系能自行发挥作用。这种工作机制应与教学督导、专项评价和数据监测联动机制相协调。教学督导的作用从"督"转向"导"，从关注教师的"教"转变为关注学生的"学"，专项评价的重心从院校评估转到专业评估和课程评估。数据监测的重点也从关注结果转向关注过程和结果。因此，督导、评价、监测三者的联动是建立在绩效考核的基础上，并且真正体现以学生为中心。

其次，教学督导、专项评价、数据监测联动机制还应体现全员参与的特点。教学督导工作要覆盖全体教师和所有课程；专业评估和课程评估等专项评价工作应在一定周期内覆盖到所有专业和课程；数据监测应覆盖到所有教学环节和教学过程。督导、评价、监测三者之间不能脱节，数据要能相互印证，整体相互关联，从而保证课程体系、课程的正常运行。

第二节 课程的质量保证

一、教学过程的质量保证

教学过程的质量保证是高校内部质量保证的核心，也是保证达到课程教学目标的基础。"建立一所研究型大学的共同挑战是如何在不断提高科学研究能力的同时提高教师的教学水平，以培养学生的学习能力和科研能力。"教师教学水平的提高，除了教师自身重视专业发展外，很大程度上取决于明确的教学目标、教学要求和教学过程。并且质量保证的重点也从最初关注资源投入和教学条件，到关注学生的学习成果和教学过程。教学过程的质量保证需要秉持"学生中心、成果导向和持续改进"的核心理念，它不仅适应于外部专业认证，也同样适用于高校内部的教学过程质量保证。同时，教学过程质量保证离不开信息技术支持。

（一）教学过程的质量保证应以学生为中心

课程教学过程的质量保证需要以学生为中心，根据课程教学目标监测学生的学业进步，评价学生的学习过程所获得的学习成果，确保学生毕业时能够获得预期的能力要求，从而达成毕业要求，符合培养目标。在教学过程的质量保证中须关注两个方面：一是充分体现学生是学习的主体，教学过程质量保证要有利于促进学生学习，提高学习成效，促进学生成长和发展。二是教学过程监测反映的学生学习成效须客观、公正，不增加学生的额外负担，促进实现高效的数据收集过程。通过教学过程的质量保证，一些关键环节的质量得以监测和保证，就能使学生的专业能力得以培养，知识和技能得到提高，有利于养成良好的人格和品质，从而有利于学生的终身学习和职业发展。

（二）教学过程的质量保证应以学习成果为导向

课程教学的过程质量保证，不仅要明确每门课程所对应的专业能力和毕业要求，而且要客观反映学生本门课程对应毕业要求的达成情况，体现在"知识、能力和素养"三个维度。考核学生每门课程的学习成果，一般通过形成性评价和终结性评价得以实现，即由学生平时参与学习过程的表现和期末考核综合评定。平时表现的直接证据来自学生个体学习过程中完成的作业、作品、项目、演讲或学生参与学习小组等活动中的学习表现。因此，课程教学过程的质量保证应以学生的学习成果为导向。这就要求课程设计、课程教学、课程考核都以学习成果为导向，帮助学生通过学习达到该门课程的专业能力培养要求。

（三）教学过程的质量保证应持续改进

课程教学过程中，通过收集反映学生学习成果的过程记录和直接证据，并对收集的数据进行深入分析，以改进教师教学。一方面，教师可以将数据分析结果作为改进课程教学、提高质量的依据，以做出基于过程记录的教学策略改进，在教学内容、方法手段和考核方式上进行改革，以提高学生的学习成效；另一方面，学校、专业可将每门课程数据分析结果作为课程、专业建设的依据，也可作为对教师管理和考核的依据，同时有助于院校接受外部专业评估和专业认证，不断提升课程、专业在院校中的口碑，从而有利于人才培养质量的不断改进。

（四）教学过程的质量保证应依托信息技术支持

有效的质量保证离不开强有力的信息技术支持。课程教学过程质量保证需要依托学习平台和质量评价系统，包括具有数据收集、检索、分析和运用的功能。比如，具有快速识别功能，支持学校、学院的质量管理；减少教师、学生和评估专业人员的负担；促进高效的数据检索过程；简化教师的课程评估；促进学习成果导向的课程考核评价；实现跨部门和跨专业自动收集测试数据和统计数据；提供强行力的统计分析，包括学生、课程和专业的整体测试、考核的可靠性等。通过包括课程教学过程在内的学习管理系统等信息化建设，为教学过程的质量保证提供技术保障。

二、课程的人力资源保障

为确保课程教学的正常开展，高校应在人才资源方面给予必要的保障。这里所说的人才资源除了课程任课教师外，还包括其他内外部利益相关者。

（一）教师教学主体责任

教师是对学生学习有直接影响的关键角色，教师在课程教学中承担主体责任。因此，高校应重视解决与教师素质、教师管理和教师发展等相关的问题。

1. 教师素质

教师素质对于保证教学质量至关重要。为提高课程教学质量，高校的教师队伍必须具备"四有"：有理想信念、有道德情操、有扎实学识、有仁爱之心。任课教师首先应立德树人、教书育人，具备高水平的教学能力和强烈的责任心。不仅要圆满完成教学任务，而且也要引导学生端正学习态度，注重课内外学习的有机结合。为此，高校任课教师首先应当具备高校教师资格；其次，教师应积极参加入职和在职培训，有持续专业发展的规划；最后，高校要创造条件，为教师成长提供良好的政策支持和实现路径，鼓励教师专业发展、提高教学能力。只有教师具备良好的素质，才能切实承担起教书育人的职责，培养合格的社会主义建设者和可靠接班人。高校要充分认识教师资格和提高教师素质的重要性，确保教师队伍的高素质。

2. 教师管理

传统的教师管理强调将教师评价作为考核教师绩效的手段，以达到问责的目的。近几年来，教师管理与教师专业发展和教师支持服务相结合，更加关注教师发展而不仅仅关注问责制。一些国家开始将教师绩效管理或教师绩效评估引入高校。教师绩效管理是一个不断识别、评价和发展教师工作绩效的过程，通过绩效管理有效地实现学校的发展目标，同时在绩效的认可、专业发展和职业指导方面使教师受益。教师绩效管理依赖于绩效评估系统，以满足教师和学校的需要。学校根据绩效评价的目的来决定绩效管理的方法和标准。它可以是问责模式、专业发展模式，或者是两者的结合。

3. 教师发展

教师发展是促进教师教学和促进学生学习的重要保障。如果没有高素质和高水平的教师，就无法成功实施教学活动。在国家教育宏观政策的大背景下，教师应坚持立德树人、教书育人，在人才培养、课程教学、实现优质教育的创新等方面发挥积极作用，通过教师培训和专业发展，加强能力建设，包括教学能力和科研能力建设，不断提高教育教学水平。教师在课程教学过程中，应认识到随着课程改革和发展，其角色也相应地发生变化：①教师从知识的传授者转变为学生学习的引导者；②教师要充分理解课程教学目标和课程标准；③教师应跟踪学科发展前沿，在讲授课程内容的同时培养学生的能力；④教师应对课程改革持积极态度，成为教学改革的推动者；⑤教师应积极融入课程教学团队，形成合力培养学生；⑥教师应具备终身学习的能力，不断提升自身的专业素养，保持自身专业能力的可持续发展。高校应建立教师专业发展的支持系统，支持和激励教师不断提高自身的专业能力和教学水平。

（二）内部利益相关者治理

除了强化教师教学的主体责任外，内部利益相关者治理对于保证课程质量也十分重要，这也是高校提升治理能力的重要内容。对于与课程设计、教学过程和学生学习等有关的人员，都应规范其职责。课程的质量保证要求在学校、学院、专业、教师和学生等内部利益相关者之间统一认识、明确责任。一方面，要求教师和学生树立质量意识，营造浓厚的校园质量文化氛围；另一方面，需要进一步明确学校、学院、专业、教师、学生等内部利益相关者的职责。随着教育信息化的发展，利用信息化手段，通过学习平台开展线上和线下混合式教学的课程也越来越多，明晰内部利益相关者的主要职责将有助于提高教与学的效果。

1. 学校的职责

①学校应将基于教学过程的质量保证作为学校内部质量保证的有机组成部分，加以制度化和规范化，并且明确学校、学院、专业、课程教师、学生各层级的相应职责。

②建立相应的规章制度，将教学过程的质量保证作为对学院、专业、教师的要求，并且进行相应的激励和约束机制。基于教学过程的质量保证不是一句空话，而是应当作为高校的一项教学基本建设任务，作为实施教学的必备条件。

③鼓励课程教学的线上和线下有机结合，开发具备相应功能的学习平台和信息管理平台，实现教学过程质量保证的信息化管理。将平台建设与教学实施、质量评价相联系，为教学过程质量保证提供客观、真实、可靠的数据来源。

④利用相关数据分析，为学校相关决策提供依据。学校教学管理部门、教学质量管理部门应利用学习平台上的数据分析结果，用于日常教学管理和质量保证工作，提高管理水平。

2. 学院的职责

①学院负责所辖专业的专业设置和建设规划，组织进行专业建设和课程建设。学院教务委员会、专业指导委员会、专业责任岗位、课程责任岗位教师应充分发挥各自的作用和承担相应的责任。

②学院定期组织开展专业自我评价和课程自我评价，并持续改进。应具体组织做好落实专业培养目标和毕业要求达成情况评价的工作。

③学院组织督导听课、了解课堂教学情况，并通过学习平台上的数据分析结果，发现存在的问题，督促教师加以改进，并作为教师考评的重要依据。

④根据教学过程质量保证机制，进一步推动专业和课程的教育教学改革，促进教学基层组织建设和教师专业发展。

3. 专业的职责

①依据学院的目标定位和社会经济发展的需求，对专业的培养目标进行了合理的设定。各专业的毕业要求必须是明确的、公开的、可测量的，而且必须是为达到培养目标提

供支持的。

②定期对培养目标的合理性进行评估,并在评估和修改的过程中邀请业界和企业界的专业人士参加。

③修改培训计划,合理设置课程体系,并组织教师修订课程教学大纲。

④利用学习平台,将课程地图上的内容输入学习平台中,包括评价量规表。

⑤让师生知晓并熟悉培养方案和学习平台。

⑥组织专业自评工作。

4. 课程教师的职责

①根据专业要求,课程教师参与讨论制订课程教学大纲,包括各项教学活动对应的考核评价方式。

②组织实施课程教学活动。对于线上课程,应熟悉学习平台功能,在课程教学过程中能熟练运用平台的各项功能,并能指导、监督学生在学习平台上提交作业、参与互动等的情况。

③根据学生平时学习表现和在学习平台上的参与情况,依据评价标准或量规表对作业、作品、项目等给予评分,反映学生的平时学习表现;并结合学生的终结性考核,给予学生综合评分。

④在完成一门课程的教学任务后,应进行课程自我评价,评价学生的预期学习成果是否达成。

⑤对课程教学过程进行持续改进,同时对专业课程体系完善提出建设性的意见和建议。

5. 学生的职责

①熟悉了解专业培养方案和各课程的教学大纲,包括考核评价标准。

②积极参与各类课程教学活动并主动学习。可根据教师要求,将作业、作品、项目等在学习平台上提交,并完成相应的学习要求。

③参与课程评价,对提高课程学习成效提出建设性意见和建议。

(三) 外部利益相关者参与

对高校而言,除内部利益相关者以外,外部利益相关者参与高校的质量活动对于高校内部质量保证至关重要。特别是课程的质量保证,不仅需要听取来自外部利益相关者的声音,以利于不断改进课程的教学活动,而且需要外部利益相关者参与课程教学活动以及质量活动。从利益相关者理论的视角看,利益相关者方法强调组织需要了解利益相关者关系以及所起到的作用,并将利益相关者考虑到结构、流程和业务功能中去,同时要考虑利益相关者的利益需要并随着时间的推移保持平衡。因此,在课程的质量保证过程中,需要外部利益相关者参与,主要表现在两个方面:

1. 参与相关课程的教学活动

课程教学活动是由任课教师主导并组织开展的。高校的一些课程教学团队除了本校教师外，还聘请资深的行业企业人员担任兼职教师；一些企业实习、社会调查、毕业设计（论文）等实践环节也需要聘请相关校外人员担任指导教师。为保证外部利益相关者参与课程教学活动的质量，高校须加强对校外兼职教师的管理和培训，一方面使他们了解熟悉学校的相关教学要求；另一方面要充分发挥他们在行业企业的资源、实践背景的优势，为我所用。高校应与企业联合建立实践教学基地，形成稳定的校企合作人才培养机制。

2. 参与相关课程的质量活动

高校应积极鼓励外部利益相关者参与相关课程的质量活动，如定期对用人单位、毕业生、校友等开展问卷调查或召开座谈会，听取他们对学校教学和教学管理方面的意见和建议。特别是要让毕业生参与课程的质量活动，如课程评价、教师评价等，以帮助任课教师改进教学，提高教学质量。高校还应让行业企业代表参与课程教学大纲修订的讨论会，从社会需求的视角以及外部行业企业的背景来审视课程教学大纲的合理性。

为了保持外部利益相关者参与高校课程质量活动的可持续性，高校应该建立相应的激励机制，要充分了解不同利益相关者的价值观和背景，以及他们的优势和特长，了解这些外部利益相关者的需求，考虑他们的利益，做到互利共赢。同时，有关质量活动的结果应及时反馈给他们，尊重他们的劳动成果，提高他们参与质量活动的积极性，从而增强荣誉感和社会责任感。

第五章　高等教育评价[①]

第一节　高等教育大众化：人力资源与办学效益

在普及高等教育的大力推动下，我国高校的总入学率不断上升，在校学生数量也在不断增长。在教育资源中，最重要的就是人才资源，人才资源掌握得多好，能否有效地发挥人才资源的作用，将直接关系到高等教育的发展，也关系到高校的办学效益。文章从高校的角度，对高校人力资源的利用效率以及如何进行人力资源的合理配置，从而提高高校的办学效率进行了探讨。

一、高等教育中的人力资源和办学效益

高等教育资源是一国或区域为培养人才、进行科研、为社会服务而投入到高等教育活动中的一项重要资源。它包括人力、财力、物质三个方面。在这些因素中，最主要的就是人力。人力资源是指大学教师、行政人员、后勤人员以及他们所掌握的知识、能力、技能等，它具有能动性、可塑性和不可测度的特征，它在高等教育资源中占据着极为重要的位置，对高等教育的发展起着至关重要的作用。

"效益"也就是"效果与收益"的统一。但在现实生活和科研工作中，"效益"和"效率"往往被混为一谈。人们在对高等教育质量进行分析和评价时，常常以效率代替效益，过分强调在有限的资源条件下，追求规模的扩大，而忽略了成果的实用性。实际上，"效益"和"效率"是两个不同的概念。效益是一种量化的观念，也是一种社会化的观念。高等教育的发展，不仅要以经济效益为标准，更要以其成果的社会效益为标准。我们可以将高等教育效益定义为：以一定的资源投入，提供最大限度的符合社会发展和人民需求的教育成果产出，包括人才、科研、服务等，这就是高校的办学效益。高等教育的办学效益从一开始就注重结果的重要性，并以行动的影响为重点。

不同级别的高校，由于其所具有的资源状况、分配利用状况、人才培养目标、人才培养任务等方面存在着差异；并且，同级别的大学也有各自的特点。因此，对大学的效益评估不能"一视同仁"，也不能简单地照搬标准，而要注重时代性、层次性、差异性等。

[①] 勾训. 高等教育大众化：人力资源与办学效益 [J]. 消费导刊, 2009 (24): 152.

二、高校人力资本投资与办学效益之间的矛盾

首先,高校人才匮乏,人才素质偏低,制约了高校的发展;在我国高等教育持续快速发展的同时,也出现了师资短缺、师生比偏高等问题。教师的人数是不够的,他们的工作压力过大,体力已经出现了透支,他们没有时间去研讨教学、研究学术,也没有时间去参与社会服务,他们的知识没有得到更新,能力也没有得到提高,只能够进行简单的重复,而不能主动积极地进行创造。有些高校对教师进行的学习,存在着形式单调、内容陈旧、方法陈旧、考核标准单一等问题,教师只能被动应对,难以获得实际效果。同时,也存在着一些问题,使得高校在引进人才方面存在着一定的困难。师资力量不足、师资力量薄弱,是制约高校整体效益提升的重要因素。

其次,造成了学校人力资源的极大浪费,制约了学校的发展。大学教育中的人力资源浪费现象严重。所谓"人力资源浪费",通常是指,因人力资源配置不当,致使人力资源没有得到最大限度的发挥。专业设置不科学、不合理,在人才培养的过程中,出现了一些与社会需要不符的专业,一些热门专业的盲目设置,导致了毕业生的去向不明。人员组成出现了逆转,教师和职工的比例出现了严重的失衡,非教学人员太多,这对高校的主要功能的发挥产生不利影响。这种状况已成为制约我国高等教育发展的一个重要因素。

最后,人力资源使用效率低下,制约了学校的发展。人力资源的低效利用,主要是因为高校的激励机制不够完善,导致了教职工的积极性、主动性和创造性被压制或损害,从而对他们的潜能的挖掘和才能的发挥造成了不利的影响,从而导致了工作的效率和质量的降低。所以,在评价人力资本效用时,既要从量上,也要从质上评价。大学教师的工作,主要是因为制度不够完善,尤其是教学质量的监督和评价机制还没有建立起来,所以,从一定意义上讲,大学教师的工作仍然是"良知"的工作。在每一节课中,教师所花费的时间与精力,对课堂教学的质量与效果有很大的影响。一些教师在这方面的投入不够,导致大学的人力资源效率下降。同时,教师的创新意识也不强。作为人力资源的一个重要特征,能动性主要表现在:在面对工作任务的时候,主动地寻找能够高质量地完成工作任务的新思路与新方法,这就是创造力。教育任务的特殊性,教育对象的个性的多元化与发展性,都决定了教育工作的多样性与创造性。这就需要我们的教育工作者,在面对新的问题时,能够从新的角度去寻找新的问题,运用新的方式来分析与解决新的问题,这样才能创造出更多的教育成果。因而,教师的创造性素质与其所能发挥的人力资本的效用和学校的效益有直接的联系。

三、科学规划,使高校的人力资源得到合理分配与有效运用,以提高学校的办学效益

首先,要扩大师资队伍,提高师资队伍的质量。对大学的人力资源承受能力、毕业生的就业状况进行了调查与分析,对大学的招生增长进行了控制,保持大学的规模稳定,不

断地增加学生与教师的比例)。通过对我校人才资源状况的调查和研究,制订出学校和学科专业的科学发展计划,并对人才的培养和引进进行了需求预测。要不遗余力地加大投入,引进急需的人才;对那些有高学历、高职称,却没有太大能力的人,要严格控制,不能因为学校的考核,就盲目地引进。采用多种优惠措施,对教师进行培训和进修,让他们能够掌握与教育发展需要相适应的先进理念、手段、方法,让他们对学生的成长规律有一个清晰的把握,让他们对学科前沿的发展变化有一个清晰的认识,让他们能够更好地参与到学科前沿的研究中来,从而让教师的教学和科研水平得到提升。

其次,要合理安排人力资源,构建有效运作机制;为了避免官僚化和行政化,防止机构臃肿,必须降低大学的层次,构建一个平坦的组织结构。实施聘任制度和分流制度,严格遵循全员聘任制的基本原理,构建良好的用人机制,使之真正实现全员聘任制,废止教职工职务岗位和员工身份的终身制,对那些无法胜任其工作的人员进行及时的调整。合理的人员结构,严格控制教师和教辅行政工勤人员的组成比例,尽可能压缩非教学科研人员,淘汰不必要的机构,精简各个职能部门的冗余。

最后,激发老师的主动性,激励老师的创新精神。要健全各项制度,明晰各个部门的职责和权力,并采用多种形式的奖励和惩罚,使之奖罚分明,以激发教师的工作热情和创新精神。要采取有力措施,实行倾斜政策,把人才留在岗位上。实施人性化的管理,建立一个开明、乐观、积极的用人环境,建立良好的人际关系氛围,让教师能够切实意识到自身的价值,感受到学校的关怀,激发教师的感情,充分发挥教师的主观能动性、积极性和创造性,在工作中获得快乐。在我国高等教育资源中,人才资源是最重要的,而非最主要的。对人力资源的配置,要从大局着眼,进行全面的考量,突出整体的效益。

第二节 高等教育评价导向的透视与反思[①]

高等学校的发展水平,直接影响到高等学校"立德树人"这一根本教育任务的实现,也将直接影响到"创新型""复合型""实用性"的人才培养目标的实现。教育评价是对各种教育活动、教育过程和教育结果进行科学评判的一种形式,对高等教育的发展起到重要的指导作用,可以说"有什么样的教育评价就有什么样的教学实践",可以引导教育向特定的目标推进。从根本上说,教育评价就像一根"指挥棒",指引着高等教育的发展方向和目标。[②] 然而,就现行的高校评价体系而言,仍有诸多不科学不合理之处,进而影响到高校的教学质量。基于此,从建立科学、合理、可行的高等教育评价体系入手,梳理当前高等教育评价中的现实问题,坚持目标导向、效果导向,探索建立高等学校内涵式发展的评价方法和评价指标体系,为高等教育的教学改革提供参考。

[①] 勾训. 高等教育评价导向的透视与反思 [J]. 吉林工程技术师范学院学报,2019 (12):4-6.
[②] 余小波. 推进教育评价变革,振兴一流本科教育 [J]. 苏州大学学报:教育科学版,2018 (4):13-15+23.

一、对高等教育评价中存在的几个问题的反思

高等教育评价是一门将理论和实践紧密结合的科学，其评价效果的优劣，在很大程度上取决于能否从许多对高等教育质量有重要影响的因素中，找到起决定性作用的核心指标，从而达到"以评促建，以评促改，以评促管，评建结合"的效果。同时，因为高等教育评估与大学治理紧密相关，所以其相关的评估指标也需要被大学治理主体所认同。当前高校教学质量评价工作受到多方面的影响，在评价工作中出现了一些不尽如人意的地方。

首先，是关于评价的目标。高校作为高校教育的执行主体，应当对高校教育质量的各个要素最为了解，也应当是高校教育质量评估的重要客体。然而，在评价主体的选择上，却是以政府为主导，而大学在评价过程中，只能被动地做出反应。应当说，在评价高校的过程中，政府的公正性与权威对于"办好社会主义大学"具有良好的规制功能。但是，作为教育、教学和科研的具体实施主体，高校在高等教育评价中的参与性不高。正是因为没有科学的确定评价主体，导致了高校在评价过程中存在着形式主义、弄虚作假、疲于应付的现象，比如：以高规格欢迎高等教育评价者，虚构大学硬件设施的表面繁荣，这违反了高等教育发展的规律，不能发挥大学"以评促建、以评促教"的作用和价值。

其次，是有关评价的指导方针。从高校的总体功能出发，构建一套多维、多层次的高校评估指标体系，是高校评估科学、可行的依据。然而，当前我国高校评价指标体系还存在一些不足，如标准单一、缺乏多样性等。本研究将以"双一流"建设为导向，从"彰显中国特色"和"注重人才培养"两个方面对我国高校进行综合评价，实现了高校人才培养质量、学术成果水平、办学质量、社会福祉和国际化程度等多方面的综合评价，以实现高校评价的综合性。同时，应根据高校自身特点，实施有针对性的评估，并在评估中体现出一定的灵活性和多样性。但是，从目前的大学评价体系来看，还存在一些问题，如指标体系不健全、没有针对性，从而影响了大学的个性、特色发展。

再次，是考核的内容。高等教育评价是对教育现象和教育效果的一种价值解读，所以，高等教育评价的内容应该包括高等教育的所有领域，包括用人单位、学生和教育管理者对高等教育的满意度等，并对这些领域进行细化，以此来强化对大学教育办学的指导作用。然而，当前高校评价的内容却存在着针对性差、普遍性和"大而全"等问题，缺乏针对性，尤其是与高校办学需求、社会人才需求、教师专业发展需求等方面存在较大差距，从而影响了评价的效果，无法有效地促进教育教学改革和教育管理创新、人才培养的供给侧结构改革。但是，当前高校对大学生的教学评价存在着"功利性"和"实用性"的倾向，从而导致评价结果的失真，影响了评价的导向功能。

二、以评估为导向的高等教育转型之路

高等学校的内涵式发展必须聚焦于解决教育评估的指导问题，以科学合理的思路，建立科学合理的教育评估机制，从理论与实际两个层面解决"为什么评、谁来评、评什么、

怎么评"的基本问题，为办好一所人民满意的高等教育奠定基础。

（一）从"改进教学"到"教育问责"

高等教育评价是一种高度科学的价值判断活动，它必须遵循理性的原则，对大学教育办学的各类情况进行诊断和鉴定，从而发挥出其导向、激励、育人、服务的多重价值。从本质上讲，高校评价的目的是"有则改之，无则加之"，即不断提高、提高高校教学质量，促进高校内涵发展。对教师进行评估，其任务是要把一所学校的潜力和生命力，都激发出来。然而，从目前大学的管理体制来看，大学评价更多的是一种"教育问责"，大学的管理者在担心大学评价者的安全的同时，为维护自身的权利，往往采用功利的、敷衍了事的方法，对被评价者也会给予特别的待遇。无疑，这样的评价目的与高校教育办学规律明显相悖，不能体现出"以评促建，以评促改，以评促管，评建结合，重在建设"的导向功能。因此，要树立"改进教学"的"以改进为本"的评价理念，把"改善"作为目标，把"完善"作为主线，把"立德"作为重点，把"提高人才培养质量"作为评价导向，把教育评价作为高校自身发展和提高的主要途径，把"教师的教学和科研工作"和"学生的成长成才"作为高校"专业性"的支持，这样，高校的人才培养质量就会得到显著的提高，这就是高校的价值定位。

（二）推动从"政府主导"到"第三方评价"的转变

"第三方"的评价是一个独立于政府和高校之外的社会中介，它使评价的过程更加客观、公平；同时，由于"第三方"评估的专业性和中间性，也更加突出了评估结论的正确性。当前我国"政府主导"的教育评估，由于"管""办""评"三位一体的特点，加之在大学实践中，政府并非真正的执行主体，因而难以保证评估的专业性、公正性、真实性。基于此，基于"政府管、学校办、社会评"的原则，高校评价向第三方"外包"是高校的必然选择，政府应当出台相应的激励政策，大力培育第三方评价机构，鼓励高校与第三方评价机构联合成立，为其提供资金、人才、数据等方面的支撑，促进其健康发展。同时，第三方评价机构在进行高等教育评估时，应将评估的重点放在"学科评估、专业评估"的维度上，明确大学评估和学科评估的专业性指标，并结合社会对人才的需求，进行个性化、专业化、针对性的评估，使第三方评价的专业性、客观性和权威性得以体现，形成一种良好的社会评价文化，为高等教育的发展提供可资借鉴的办学方向。

（三）以评价标尺推动从"学校投入"到"学生产出"

高校评价标准是高校开展教育评价工作的依据。就当前对大学的评价来说，主要有三个方面："投入""过程""结果"。比如，当前对大学的评价，主要是根据学校的资金投入、知名度、科研能力。但是，对"学生产出"这一教育效用的核心要素，却有意无意地被忽略，这显然是对高等教育本质的一种背离。高等教育质量主要涉及个人的发展质量，即一个人终生在学习中所学到的东西。要想解决这个问题，就必须改变当前高等教育评价标准中不合理的现状，把学生在知识、技能、创新、态度、品德等方面的兴趣当作是高等教育评价的核心，建立一个"以学生为中心"的高等教育评价指标体系，让高等教育评价可以推动高校人才培养的供给侧结构性改革，把对高等教育的评价转变成对学业挑战度、主动合作学习水平、师生互动、学习经验丰富程度、校园环境支持度等方面的评价，并根据各个学校的办学特点，制定出与之相适应的评价标准和教学标准，以此来推动高校不断地完善其课程设置，改善其教育教学内容和教学环节，提升其办学质量。

（四）推动教育评价实施层面从"单向制约"转向"对话协商"

在目前的大学评价中，存在着"政府主导"的行政制约，即评价主体和被评价者分别根据评价指标对评价目标做出"有"和"无"两种评价，并进行评价，从而得到评价结果。在现实生活中，高校评估并非评价者对被评估者真实情况的简单测量、描述或判断，而是一种基于多元价值、全面参与和共同构建的对话与磋商的结果。即，在评估时，被评估人应当对某个评估指标有充分的发言权和评定权，充分表达自己对某个评估标准的认识，并在此基础上，通过评估人与被评估人的平等、民主的协商，最终形成一个统一的评估结果。[①] 唯有如此，才能最大限度地发挥高等教育评价的内在价值。然而，高校评价表现出"高高在上"、单边规制的特点，导致评价中的价值矛盾突出，评价工作面临诸多阻碍，亟待构建一种新型的高校评价模式，实现多元利益关系的融合，促进高校评价工作的良性发展。

在新形势下，如何充分发挥高校"指挥棒"的功能，做好高校办学工作，是高校办好"人民满意"高校的一项重大课题。要实现这一目标，就必须从根本上改变我国高等教育评价目标不明确、评价主体不科学、评价内容不全面、评价方式不规范等问题，把评价目标由"教育问责"转向"改进教学"，由"学校投入"转向"学生产出"，由"单向制约"转向"对话协商"，实现高等教育评价的科学化、规范化、合理化。

第三节　关于教育公平若干问题的理论思考[②]

教育，是百年大计的基础。高等教育作为一项重要的教育，其主要任务是为国家培养各类高素质的专业技术人才，其对于经济和社会的发展具有重要的战略意义。有句话说得好："教育兴则民族兴，教育强则民族强。"教育公平是社会发展的基础，也是社会发展的基本价值追求。目前，我国高等教育仍面临着诸如高校地域分布不平衡、区域间就学机会不平等、不同经济状况下学生就学机会不平等等突出问题，亟待从理论与实践两个方面对其进行突破。本论文试图探讨教育公平的内涵，整理教育公平面临的现实问题，坚持实事

---

① 连志鑫，刘路. 全球化时代高等教育评价的挑战和探索——基于"面向新时代的高等教育评价"国际研讨会的分析 [J]. 江苏高教，2019（3）：26-29.

② 勾训. 关于教育公平若干问题的理论思考 [J]. 长春师范大学学报，2018（9）：150-152.

求是,一切从实际出发,提出高校教育公平的优化途径,以更好地体现高等教育的价值内涵。

一、教育公正的哲学观点

学者们通常用"公平""公正""均等""平等"来定义教育公平。例如:"教育公平的价值是推动社会公平,是解决人民生活中的民生问题。它包含了两个方面,一个是机会平等,一个是权利平等"[①];"教育公平是民众平等、合理享受国家、社会公共资源的体现"[②];"教育公平是教育机会的平等和教育评价的公正,以实现社会发展的基本价值"[③]。通过对这些概念的界定,可以从某种意义上说明教育公平的含义。但是,在对"公平""平等""合理"等概念的认识上还不够清晰。因此,要准确地表达教育平等的内涵与外延,就必须从其实质入手。

首先,"平等"体现了"以人为本"的人文关怀;对正义价值的寻求,是人摆脱了感性的、兽性的"自然存在",是人对生命的意义和价值进行理性反思的一种表现。所谓"丛林法则",就是实力强大的人就能获得无穷无尽的力量,而实力弱小的人,就无法获得生存的保证。公平观就是人(强者)要对自己的行为进行自我反思,不让本能地宣泄,要淡化自我意识,强调整体利益,从而将自己与他人的差距,控制在社会所能够接受的范围内。目前,对教育公平问题的特殊重视,是基于对教育与人类生存条件整体改善的价值思考。在现代社会中,教育已经逐渐成为人们改善自身地位、促进个体及家庭生存与发展的重要手段。然而,在发展不平衡、不充分的情况下,这一问题的凸显有其特定的理由。在此基础上,本文提出了一种新的、具有普遍性的教育公平观。

其次,教育的公平性体现在人们的利益分配上。马克思在思索人的本质时,提出"人的本质不是与生俱来的,就其现实性而言,是一切社会关系的总和",并强调说:"凡是人类为之奋斗的,无一不是为了利益。"人们在建立与维持各种社会关系的过程中,得到了自身发展所需要的种种"利益",其中就包括了各种各样的精神生活物资资料。但是,我们也要注意到,当物质、文化、生活资料的总量是固定的时,每一个个体都会有一种使自身利益最大化的主观意图,这就不可避免地会造成人们之间的利益冲突。在这种情况下,制定一套合理的收益分配制度是非常有必要的。从教育的角度来看,将教育公平定义为"公民平等地享有国家和社会公共资源,合理地享受的一种表现",更具有现实的合理性。教育公平是教育事业发展中的一项重要内容。公众关心的是公共教育资源的平等受益权,这与教育对人的社会地位、职业高度、发展规模的一定影响有关,也与个人在教育中得到平等对待的收益分配问题有关。

---

① 杨婷婷. 功利主义理论对解决基础教育公平问题的启示 [J]. 江苏教育研究, 2016 (24):13-16.
② 王超. 教育的公平与卓越——对科尔曼教育公平理论的反思 [J]. 江苏第二师范学院学报, 2016 (7):33-35.
③ 张良才,李润洲. 关于教育公平问题的理论思考 [J]. 教育研究, 2002 (12):35-39.

教育公平是规范性理念与描述性理念的有机结合。教育公正要求对"什么是公正"这个基本问题做出肯定。而要解决好这两大难题,首要的问题就是如何对概念进行规范,如何对概念进行描述。规范观念具有抽象性,描述性观念具有具体性,它们之间存在着理想与现实、价值与事实、应然与实然的差异,而要消除它们之间的差异,就必须实现它们之间的有机统一。① 在对教育公正内涵进行界定的过程中,我们希望通过对"理想""价值"和"应然性"的把握,实现对"现实"和"实然性"的更高层面上的"认同"。

二、提高我国高等教育公平水平的对策

为解决当前高等教育中存在的城乡差距、区域失衡、校际差异等问题,我们必须坚持教育优先发展的核心理念,从教育立法、教育投入、制度优化等方面,对教育的不公平现象进行明显的改善,使教育成为促进社会公平的"最伟大的工具"。

(一) 强化教育立法,以保障公民基本权利为重点

正所谓"没有规矩不成方圆",要解决教育中存在的各种不公正现象,就必须从建立教育法规开始。实现教育公平,是实现教育公平的前提和基础。鉴于此,我们应该在基本人权的层面上,进一步强化教育立法。在加强学前教育和特殊教育等方面的法律之外,我们还应该加强对高等教育的法律,并在法律上规定地方政府对高等教育的扶持,这样才能使高等教育更高质量和更公平地发展。② 法律制度是最有力的保障,因此,我们应该把法律制度作为一个切入点,来完善法律制度。

(二) 加大对教育的投入力度,促进教育的发展

为解决区域间由于经济发展水平差异导致的教育经费投资不平衡,各地必须严格执行财政性教育经费支出占国内生产总值的4%这一规定,并将这一规定作为对当地政绩的一项重要考核指标。古语有云:"千遍万遍,胜过一遍。"要在全国范围内设立"执行4%工作办公室",强化督导和检查。在此基础上,本文还提出了"雨露计划""双子星计划""阳光普照计划"等一系列政策措施,以建立和健全农村贫困家庭学生的教育补助制度。高校应从自身实际出发,有针对性地建立"奖—贷—助—补—减—免"的助学金体系,以确保贫困大学生的学业成才。并以此为依据,进一步改善学校的环境,提升学校的质量。

(三) 强化制度供给,优化制度环境

要想解决教育城乡差距、区域失衡、校际差异等不平等问题,就必须强化制度供给,不断优化制度环境,为教育公平提供内生动力。为此,要完善教育决策机制,围绕乡村振

---

① 贺璐. 对我国教育公平问题及其对策的思考 [J]. 学理论,2012 (28):166 – 167.
② 李远贵. 论高等教育公平——对我国高等教育公平问题的认识和思考 [J]. 西华大学学报:哲学社会科学版,2006. (3):94 – 96.

兴战略，向广大农村和落后地区倾斜，充分满足欠发达地区各阶层在教育发展上的利益诉求，确保"无人遗漏"。应在"一视同仁""兼顾公平"的基础上，健全教育资源配置体系，变一元化、多样化，引导社会资源向高等教育倾斜，按照均等化、补偿性的原则，实现教育资源的合理配置。同时，要建立责任追究制度，尤其是在义务教育阶段，对未能及时完成"控辍保学"工作的学校，实行责任追究制度，落实责任。为了消除"高考移民"现象，确保所有人都能享有平等的受教育权利，必须在户籍制度和高考制度等方面进行积极的改革。

近几年，我国高等教育在总体上取得了令人振奋的成绩，但同时也存在着一些问题，如城乡二元结构，区域经济发展不平衡，以及教育投资的校际差别，这些都导致了我国高等教育中存在的不公平现象，严重地影响了我国经济社会的科学发展。教育平等是一种社会发展的永恒价值，必须以问题为导向，排除不合理因素，通过教育立法、教育投资、制度优化等方式，为教育公平创造条件。

第四节　我国教育评价中存在的问题及对策[①]

随着教育改革的深入，教育评价成为推动教育发展的重要力量。当前，我国教育评估工作的改革与发展，已成为我国教育现代化进程中的"瓶颈"。因此，在此过程中，社会上对教育评价的批评与质疑之声不绝于耳，这也引发了人们对教育评价体系建设与发展的深思。要正确认识当前我国高校教学评估制度存在的问题，提出有针对性和实效性的应对措施，从而促进高校教学评估制度的创新和发展。

一、现代教育评估的重要性

（一）当代高校办学的主要途径

随着社会、经济和信息化程度的不断提高，教育的现代化已经成为一种必然的趋势。现代教育理论研究、教育发展研究、教育评估研究是现代教育研究的三大核心内容。教育评价是实现现代教育的重要途径，也是一种对教育的管理与信赖的重要表现[②]。教育评估具有导向作用，对学校及相关教育部门进行有效的指导作用。教育评价是一种有效的教育管理手段，能让学生的家长对学生的学习情况、成长情况等有一个清晰的认识。在学生的成长和发展过程中，家长起着举足轻重的作用。因此，家长要全面了解学生在校期间的学习和发展情况，从而使家庭教育与学校教育相互结合、统一。在我们国家，教育评价是一件非常有意义的事情，也是一件关系到国家教育现代化的大事。

[①] 勾训. 我国教育评价中存在的问题及对策分析［J］. 黑河学院学报2018（10）：63-65.

[②] 姜昕. 我国教育评价制度存在的问题及改进建议［J］. 教学与管理，2017（27）.

（二）参考框架和教育家之间的较量

在现代化的教育过程中，各个教育主体之间展开了一场良性的竞争，这能够有效地提高教学的效率和质量，而教育评估是一种对教育主体进行竞争的重要参考，能够满足教育主体竞争的需求[1]。在教育系统中，存在着各种类型的教育组织，各种类型的教育主体，这些组织之间存在着相互竞争、互相促进、互相促进的关系，从而促进了教育的发展。通过教育评价，能够调动教师的工作热情，进而提高教学质量。与此同时，教育主体利用教育评价，可以对竞争对手的主要信息进行了解，进而有针对性地对自己的实力进行提升，充分发挥自己的优势，规避自己的劣势，因此，教育评价是教育主体进行竞争的主要参考方式。

（三）对教育行业进行投资的依据

教育评估结果是教育投资者获取回报的主要依据，也是社会各界了解教育发展的一条重要途径[2]。当前，对教育事业的发展，除了要得到国家的大力支持外，更需要社会各界的积极参与和支持。我国的教育事业呈现出多元化的发展趋势，私立学校也在不断涌现。私人学校也想参与到教育的改革与发展当中。现代化的教育评估十分重要，与教育投资的收益效率相关，也是投资者明确回报的重要基础，可以清楚地知道投资的效率和效益，并对成本进行分析。

二、我国教育评价中存在的问题

就目前而言，从应用领域的分析来看，教育评价对于教育结果的认知评价有较为系统的特征，但在教学中，中学生的行为活动认知评价还不完善，未受到充分的关注。就评估方法而言，当前的评估主要是以目标为核心、以最终为核心的评估方法，而较少使用激励性、诊断性、博弈性等评估方法。例如，在学生学习环节，教师缺少对学生进行诊断式的教学评价，这就造成了学生在学习环节中的迷茫。同时，在学习过程中，如果不能及时地解决问题，也会影响到他们的学习兴趣，降低他们的自信心。通过对教学改革的实证研究，我们发现在学校对教师的评价和教师对学生的评价中，诊断式或决策性的教育评价很少被采用。在教学过程中，若能增加诊断式或对策性的教育评价，则能有效地提高学生的学习效率和教学质量。从评价层次上看，学校与老师在评价时更注重学生的测验表现与期中评价的结果。然而，在教师的教学中，很少有对学生阶段学习状况及学习行为进行评估的。另外，教育界在对教师进行教学评估时，缺乏对日常教学活动的决策性评估。

---

[1] 熊英. 基础教育阶段教师评价：现状、问题及对策 [J]. 教育理论与实践，2017（36）.
[2] 衣建龙. 构建素质教育评价体系面临的问题及对策 [J]. 山东电大学报，2003（1）.

(一) 教育评估制度缺乏针对性

在教育学中，评价者在评价过程中，常常忽视评价的全面性、目的性，导致评价过程中客观、专业的缺失。过于关注评估的全面性、完整性，将导致评估的有效性缺乏。另外，在评估系统中加入一些有价值的评估要素，会使评估结果被一些没有价值的要素所干扰，失去了评估的客观性和针对性。另外，一些学校降低了评估的标准，降低了评估的强度，在各个学科的教学中，大部分都是采取一种单一的评估方法，使得评估的针对性、客观性较差，当遇到综合问题时，无法量化评估，评估也就失去了意义。

(二) 教育评估制度缺乏权威性

近年来，在我国教育领域的评价环节中，存在着权威性不足的问题，教师和学校在进行教育评价时，过分追求公平和民主，导致评价过程中的相对性缺失。在教育评估中，若只是单纯地设置一项评估指标，则评估者将依据被评估者所构建的指标体系来评估，将会降低领导与上级评估的权威性，从长远来看，将不利于教育评估工作的顺利进行。同时，从现阶段来看，这也不符合校长负责制，等于是学校领导放弃了自己的管理权和职责，不利于学校领导的管理和评估职能。但由于我国对评估指标体系缺乏系统的研究，评估指标一旦制定出来便立即投入使用，难以对评估指标的合理性、可行性和科学性进行有效的验证。因此，被评价者处于被动地位，这使得评价体系指标更多的反映了领导层面的意愿，不利于学生和教师的主观能动性的发挥。因此，我们要重视评价体系的权威，不仅要有评价的目的，而且要有健全的评价体系。

(三) 教育评价体系的不健全

当前，教师和学生的评价体系不健全，给教师和学生的评价带来了诸多困难。要把"学生"和"教师"作为评价的两个对象。对学生进行评估，是提高学生学习成绩，提高教学质量的一个重要途径，因此，评估在教育体系中起着非常关键的作用。针对教师的教育评估也是推进教育现代化的一种方式和内容，在世界范围内，人们一般都认为教育部对教师的评估存在着一些困难，但是，在我们的基础上，在我们的教育模式下，对教师的能力展开教育评价，这是提升我们师资队伍能力和素质的一项重要工作。教师的工作具有复杂性和多样性，针对不同的学生采取的教学方式也各不相同，因此，教师的教育管理工作也应具有创造性。在一个完整的教育评价体系中，既要注重对学生学习环节和能力的客观评价，也要完善对教师进行评价的环节，从而构建健全教育评价体系。

三、教育评价体系的构建原则

教育评价体系的构建要坚持三条基本原则：第一，突出"超前"。教育评估具有一定的超前性，并且教育评估的环节非常复杂，评估对象也很多，因此，在构建教育评估体系时，要注意其超前性特征。把"超前"作为教学评价的起点，把教学评价从理论上提升到实践中去，用它来指导教学实践。要把握教育评价的特征，依据评价的目的选择适当的评价方式，避免评价的表面化和简单化。第二，要重视教学评价的多样性。教育评价具有多样性的特点，因此在评价时应充分考虑评价对象的差异性，并采取多样化的评价方式。教学评价是一种新的教学模式，它对教学质量和教学质量都有很大的影响。但是，由于教育评估的客体是多元化的、主观的，单一的评估指标无法对每一个评估主体进行科学、客观的评估。第三，我们要立足于教育评价的多元化。对评价方法有更深层次的理解，并针对评价目标的特点和需求，不断调整评价方法，以提高评价的效率。第四，要注重教学评价的阶段性。由于教学评价环节具有一定的阶段性，因此，在构建教学评价指标体系时，应注重这种阶段性特点，提高教学评价的自觉性。因为这个阶段所具有的特点，所以这就要求教育评价者要清楚地了解教育环节，要清楚地了解将来的发展趋势，然后才能正确地掌握教育评估中的优势和劣势，提高自己的评估能力，从而达到科学、有针对性的教育评估。

四、教育评价体系的构建途径

（一）构建层次分明的考核制度

在建立现代教育评估系统时，应建立一个层次的评估体系。在评估方式上，传统的评估方式主要是定性的、终结性的评估，缺乏一种客观科学的评估方式。在新时代，新的教育现代化和新的媒体环境中，运用大数据和云计算的技术方法，来实现等级评价。在构建层次评估系统的过程中，应坚持终结性评估与阶段性评估、动态评估与静态评估、定性评估与定量评估的有机结合。首先，在评价过程中，将最终评价和阶段评价相结合，使评价更加公平，更加有效。其次，通过将静态评价和动态评价有机结合，将被评价者的过去发展状态和未来发展趋势联系在一起，让被评价者清楚自身的潜力和未来的发展趋势，实现"及格"和"进步率"的统一。在此基础上，将定量评价和定性评价有机地结合起来，对评价体系和评价内容进行进一步的完善。

（二）制定具有指导意义的指标

在构建教学评价体系的过程中，需要建立具有指导意义的教学评价体系。在教育事业的现代化、素质化发展过程中，教育评估是最关键的一个环节。对学生素质进行评价时，应考虑多种因素，且各因素在评价内容上各有不同。以区域为基准，从区域发展的角度出发，构建一个具有普遍性和指向性的区域发展评价指标体系。当前，教育评估制度的设计和建设较为丰富，其共同的问题是范围广，综合性强，且形式多样，错综复杂。因此，理论意义，实际应用，不利于实际评价工作的开展。根据目前的教育发展状况，进行教育评价的目标设计，应注重科学性和可行性，遵循分类原则，在教育评价环节中，避免各类因素的交叉[①]。"可操作性"指的是在评价过程中,目标的设定要符合实际情况和学生发展水平,目标要明确具体,便于评价者沟通,便于操作。

(三) 对真实性进行评估

作为一项教育活动,评价对于教师素质的提高和教学方法的改进具有很强的警示性,因此,我们应该把"人的发展"作为评价的中心思想。要使评价结果真正体现出评价结果的真实性。要坚持以学生的人格发展为中心、以人的全面发展为中心、以"人的发展"为评价理念。首先,在评价目标的设定与评价过程中,我们摒弃了"一刀切"的做法,针对不同特点的评价对象,采取了多种评价方式。其次,要注重人的发展,引导学生树立正确的价值观念,这样才能在生活和学习中做出正确的价值判断。

(四) 构建全面考核制度

以现代化的教学改革为依据,建立综合性的评价体系,是实施素质教育的重要途径。构建综合性的教学评价制度,是为了使其更好地与现代教育的发展相适应。教育评价体系由综合评价、个别性评价和发展性评价三部分组成。首先,要从社会的教育发展水平出发,确立教育评价的目标与指标,即从区域的经济发展情况、社会的基本发展水平、教育制度的健全程度、教育质量、教育的基础状况等方面来评价教育,从而实现对教育的整体评价,并做出相关的政策决定。其次,要建立健全督导评价体系,按照国家相关法律法规,结合地区发展现状,对督导评价的责任进行界定,并将督导评价的方式有机地结合起来,使所有参加评价的人都能够严格地按照相关的要求去做。最后,建立健全教育评价管理制度,根据上级教育行政部门的基本要求,制定相应的教育评估标准指标,以保证教育评价工作的规范性和科学性。在教育评价管理体系中,管理和评价工作应进行分层,重点是教育行政部门对于下级的评价,难点是学校对于教师的评价。

随着社会、经济和信息化程度的不断提高,教育的现代化已经成为一种必然的趋势。建立科学、客观的教育评价体系,以权威、科学、科学的评价方式促进教师和学生的整体素质的提升,是教育现代化和素质化的必然要求。目前,我国大学评价体系还存在着不足之处,因此,对大学评价体系的构建和发展提出了更深层次的思考,将会促进大学评价体系的发展和完善。在建立现代素质化的教育评价体系时,要充分认识到教育评价的多样性、阶段性和超前性的特点,从而建立一种具有多样性和客观性的、全面的、分层的教育评价体系。因此,必须加强对高校教学评价工作的研究,以促进高校教学质量的提高,以培养高素质、高水平、高素质的人才为目标。

---

① 姜华,王朋. 质量保障视域下美国高等教育绩效评价制度变迁 [J]. 云南师范大学学报:哲学社会科学版,2015 (6).

第五节　多元智能理论视域下新课改中学生评价主体的多元化[①]

教育改革是当今世界的潮流，而我们国家的教育改革也在不断的深化，其中最突出的就是新一轮的课程改革和素质教育的全面实施。在我国基础教育、新课程、新素质教育的背景下，教育评估面临着一场新的变革。教育评估主要包括对学校教育质量的评估、对教师教学质量的评估、对学生学习和发展的评估等。无论何种类型的评估，都应该避免单一的评估对象，而要实现评估对象的多元化。由于人的各类智力的发展是不均衡的，各有优势，也各有弱点，这就造成了对事物的判断是有限的。教育评价也是同样的道理，教育评价主体收集评价对象信息的渠道存在着一定的局限性，对所收集信息的整理（选择、分析、综合）也受到了评价者自身智能状况的限制，由此得出的评价结论不一定具有科学性和合理性。文章就如何在多元智力理论的框架下实现学生评价主体的多元化提出了自己的看法。

一、多元智能理论视域下新课改中学生评价主体多元化的原因探析

（一）新课程改革背景下学生评价主体多元化的理论渊源

一些心理学家针对"智商测验"的局限性，提出了一种新的智力分类方法。"多元智力"是美国心理学家提出的一种新的、具有代表性的观点。"多元智力"理论既是对已有问题的回答，又是对它的创造性和创造性的思维，还强调了人的参与。根据需要的智能的不同，人类表现出不同的特点。加德纳把智力分为语音、逻辑、数学、视觉、空间、运动、节拍、人际关系、自我认识和自然观察。人的智慧发展程度不一，各有所长，各有不足。教师、学生、家长各有其聪明的长处，也各有其聪明的短处，使得单一的评价对象难以对每一个学生有一个全面的认识和深入的理解。所以，在评价学生时，我们不应该只依靠教师自己的知识和认识，而是应该根据所获得的信息，来进行全面和科学的评价。"多元智力"作为一种符合人类发展实际的智能理论，为新一轮基础教育课程改革提供了一种重要的理论基础。

（二）课程改革背景下学生评价主体多元化的现实缘由

在以往的学生评价中，因评价主体单一，折射出的深层次问题是：一是当前的学生评价，主要是教师作为一个单一的主体，对学生进行的单方面的评价，关注的重点是学生的知识水平，关注的重点是学生对知识的记忆，而忽视了学生的其他素质。这与多元智能理

---

① 勾训. 多元智能理论视域下新课改中学生评价主体的多元化 [J]. 河南科技学院学报（社会科学版），2018（8）：21-24.

论中人的智能具有多样性,并且每个人都有自己的智能强项和智能弱项的理念相矛盾,这也会影响到新型评价体系的构建,不利于学生评价主体的多元化。二是评价的主体较为单一,主要是教师对学生的主观评价,而学生仅仅是得到了一种客观的评价,而不能真正地参与到自己的评价之中;在评价主体、内容、方法和结果上,学生缺乏话语权;在此期间,相关各方如家长、同学等不得参与评核。传统的学生评价过分强调了对学生的甄别,忽视了对其将来发展的关注;只关注评价结果,忽视了评价对象的认可,忽视了评价对象的努力和进步;仅仅把注意力集中在那些可以被轻易地量化的文化知识上,而忽视了学生的创造力和动手能力,也没有对情感态度、意志、性格、行为习惯等非智力因素展开测试。教师作为单一的评价主体,难以发挥学生的长处智力,无法有效发挥学生的短处智力,无法提升学生的整体素质,无法培养出社会所需的创新人才。因此,必须在多元智能的指导下,改变对学生成绩的单一评价目标。

二、多元智能理论视域下新课改中学生评价的多元主体

传统"学生评教"模式是教师对学生进行评教,学生处于被动地位,不能发表意见;同时,其他主体对学生的评价作用较弱,且评价客体比较单一。单纯地依靠主观能动性来评判,不仅有其局限性,而且与多元智能理论相矛盾。因此,学生评价的主体应该是多元化的,应该将学生、教师、家长和同学都包括进来,特别是被评学生。[①] 各个评价主体发挥自身的知识、智力优势,对学生进行客观的评价,被评学生与其他评价主体进行沟通、协调,这是学生评价走向客观、科学、合理的必经之路。

(一) 学生的主体性

学生的发展是一个自我构建、自我实现的过程[②],所以,在对学生的学习发展进行评估时,不能只依赖于他评,还应充分调动学生的积极性,听取他们的"反馈",并将他评与自评有机地结合起来。

在对自身的评价中,学生可以做以下自己可以做的几件事:一方面,在日常生活中,学生可以通过自我观察,对自己有一个比较全面的了解,同时,也可以根据老师、同学和家长对自己的评价,来反观自己,从而对自己的学习和发展做出比较客观的评价,所以,教师应把学生的自我评价作为对学生进行评价的一个重要依据[③];另一方面,学生可以利用自己的知识经验、理解和判断,在确定评价内容、制定评价标准、探讨评价结论、解读和反馈评价的方法中发挥作用。

学生可以采取适当的方式进行自评,例如通过自我观察,记录自己的成长经历,并根

---

① 蔡敏. 论教育评价的主体多元化 [J]. 教育研究与实验, 2003 (01): 24.
② 钟启泉. 教育评价改革: 视点与方法——与日本学者田中耕治教授的对话 [J]. 全球教育展望, 2004 (11): 3.
③ 赵春萍. 学生评价多元化研究 [D]. 河南师范大学, 2011: 42.

据确定了的评价内容和制定好的评价标准，对自己学习、发展的状况进行评定，了解自身的优势与不足，明白自己的得与失，思考改进学习的方法，明确进一步努力的方向。再例如，学生可以运用工作分析的方法来评估自己。在老师的指导下，学生能够对自己有代表性的作品进行客观的分析，并参照别人的评判，全面了解自己的学习态度、努力程度，准确地判断对知识、技能的掌握程度和能力、个性的发展水平。学生的自我评价有助于他们认识自己，管理自己，教育自己，通过反思激发自己[①]。

（二）教师主体

在传统的教育模式下，教师拥有绝对的权力、绝对的主导性，导致了教师主观意识的产生。但不可否认的是，教师与学生有许多交流交往的时间和机会，他们对学生的发展情况有全面而深入的了解，他们对学生的评价最有分量，他们是学生评价的主体，他们能组织学生评工作。在评价学生时，老师要综合各个方面的信息和观点，根据评价标准，尽量全面、客观地对学生进行评价[②]。教师可以通过观察法、测验法、作品分析法等手段，对学生的知识、技能、能力、情感态度等各个方面做出客观的评估，以此来判断学生的发展状态，并及时发现和纠正学生在学习中的不正常行为，不断地指导他们向着既定的目标和方向前进。

在新一轮的新课改中，我们要努力克服传统的教学方式下，教师的"绝对权威"与"绝对优势"。首先，教师应放下自己的身份，充分调动学生的积极性，创造一个民主的氛围，使学生敢于对自己的评价提出疑问。其次，教师在评价学生时，要尊重他们的人格与尊严，认为每个学生都是独特的，与别人不一样，有自己的想法、感情、主体性，所以，教师在评价时，应该全面了解每个学生，注重与他们进行思想、感情的沟通，尊重他们的独立性与独特性，不要"照单全收"，不要"一刀切"。最后，在对学生进行评价时，老师不仅要注重教学目标，而且要注重发展目标，通过对学生的评价，使教学目标和发展目标相结合，以达到促进学生发展的目的。对学生进行全面、客观的评估，能让教师更好地认识到自己的不足之处，进而提升教学质量。

（三）同学主体

同学之间年龄相仿，生活经验相近，所以同学们在学习中更有可能相互学习，共同成长。这样，他们就比较容易互相认识，也比较容易知道对方的习性、性格、喜好、特长、发展变化等等。而互评又为我们从另一个视角去理解学生提供了新的视角。

在学生之间相互评价时，学生根据自己观察到的某一同学在日常生活、学习中的真实表现，按照自己的认识和判断，对其习惯、品性、喜好特长、进步变化等方面做出客观的评价。通过学生之间的相互评估，能够让彼此对自己所取得的进步和自己所存在的不足有

[①] 潘海丽. 多元智能理论视域下学生评价问题研究 [D]. 东北师范大学，2011：29.

[②] 李旭涛. 多元智能理论对新课程学生评价的启示 [J]. 西北成人教育学报，2003（1）：56-57.

更多地了解，从而明确自己可以进一步学习和发展的空间，并找到自己可以继续努力的方向和途径。

由于中小学生身心发展的限制，他们在评价他人时，往往会失去理性，会受自己的感情，也会受外界因素的影响，从而导致他们的评价存在着主观性、片面性。教师应当正确地认识这种现象，并引导学生理性的思考和判断，以一种对他人、对自己负责的态度来评价学生。在评价学生时，要摒弃自己的私心和外界的干扰，尽量做出全面、客观的评价。与此同时，在面对同学们的评论时，要理智地看待好的方面，要平静地看待坏的方面，哪怕对方尖酸刻薄，也要豁达地接受，不能怀恨在心，更不能进行打击和报复。学生应根据同学的评价，反观自身学习、发展的状况，找出自己的优势，敢于正视自己的不足，虚心学习他人的优点，来弥补自己的短板，实现自我超越。

（四）父母的主体性

一个人从一出生，就要面临着一个特定的家庭，这个家庭，就需要给他足够的成长空间。父母和子女有天然的亲近感，他们有养育子女的义务。一般来说，家长应多与子女沟通，及时发现异常，有针对性地进行教育。孩子是在家长的陪同下成长的，孩子的生活经历、行为习惯、思想品德、个性特征等都是孩子的特点，"知子莫如父"。所以，家长在对学生的评价中是有发言权的，要鼓励家长积极参与，吸收家长所提供的信息，听取家长的建议，补充评价信息，并弥补评议者思维的缺陷。

在传统的评价方式下，家长在评价中处于被动地位，缺乏主动权。在"多元智力"理念的指导下，在新课改的大背景下，家长评优显得尤为重要。家长可以根据对孩子的了解、自身的知识背景、教育经验，与教师共同确定评价内容，制定评价标准，商讨评价方法，讨论评价结果，选择反馈方式。同时，父母也可以通过自己对孩子的认识，来给孩子一个客观的评价，从而与教师一起对孩子进行教育。

但我们也要看到，当前的家长文化水平、素质参差不齐，对学生评价的参与度不高，对评价的理解不够深刻。所以，教师应该鼓励家长积极参与到学生评价中来，并主动向家长们介绍有关评价的有关知识，让家长们逐步了解到学生评价的内涵、意义，对评价内容、评价标准也有所了解，让他们明白对学生进行客观真实的评价的重要性和必要性，让他们逐步具备评价的意识和能力。另外，教师应防止家长偏向孩子，只看到孩子积极的一面，而忽视孩子消极的一面。通过对孩子的评价，可以使孩子对自己有一个更全面、更深刻的认识，有利于孩子的成长。

学生评价的多元主体，也就是学生、老师、同学和家长，在对被评学生的不同方面的认知基础上，从不同的视角，采用不同的方法和手段，并展开交流和讨论，最终对学生的学习和发展做出一个全面、真实的评估。

三、智能理论视域下学生评价主体多元化的策略思考

（一）立足于实践，充分利用多元评估主体的智力优势

在多元智能理论的指导下，被评者不仅有自身的强项，也有自身的弱项。在评价学生时，我们应该充分发挥评价主体的智力优势，避免其不足，实现两方面的优势互补，从不同的角度，根据不同的标准进行评价，使评价更加科学、合理、针对性，符合学生的实际。这样就可以最大限度地避免主观性，降低误差。在被评量的客体上，各有所长，各有短处，没有十全十美，也没有一无是处。在评价学生时，应从多个角度来分析，用不同的标准来衡量，发掘其智力长处，开发其智力短处，鼓励其深入挖掘潜能。通过评价对学生进行画像，并指导学生对自己进行画像，这样可以对自身进行全面的分析，了解自己的优势和不足，从而明确未来的努力方向。学生学习与发展的重点，不在于扬弃，而在于开发弱势智能。在评价过程中，应遵循"木桶原理"，注重对弱势智能的培育，以最大限度地发挥弱势智能的作用，实现综合素质的提高。因此，在评估学生时，我们应该有一个开阔的眼界，去发现他们的优点，并引导他们找到一个更好、更宽广的发展空间。在传统的课堂教学评估中，没有体现学生的直接参与，而是体现了学生的主体性和自主性。学生对自己有一定的了解，而且了解得比其他人多得多；但是，在认识自我的过程中，人们又很难真正地认识自我，所以，学生对自我的认识也就不可避免地存在着一些不完整的地方。这就需要学生在课堂上发表自己的意见，在课堂上进行多种形式的交流，并进行集体评价。

（二）多元化的评估对象，灵活使用不同的评估方式

基于"多元智能"的观点，新课改对学生的评价并非一成不变。各评价主体首先要了解学生的生活背景、知识基础、认识水平、兴趣爱好等实际情况，然后采用不同的评价方法，有针对性地进行评价，通过评价可以反映出学生的学习态度、努力程度、合作学习及进步状况。教师、家长作为评估主体，要坚持"以生为本"的理念，在评估中运用不同的评估方法，从多个层面为学生提供更多的信息，使评估过程中的各个环节产生共同的作用，才能确保评估的质量。基于多元智力理论，对新课改下的学生进行评价时，教师是最主要的评价主体。在老师的总体规划下，引导学生的自我评价，充分关注学生和家长的积极参与，将评价转变为以学生为主体，多主体共同参与、共同交流的活动，从而使评价结果的真实性和可信度得到最大化的提高。评价方法应为评价目的和评价内容服务，不管是原有的，还是新的，只要能评价并反映出学生的知识、技能和情感态度等各个方面的素质情况，就是一种行之有效的方法。新课改下，教师要依据教学目标，依据教学内容，选择教学方式，设计教学内容，进而实施教学。在运用评价方法的时候，要注意发挥学生评价的鉴定与诊断、改进与激励、反馈与导向等功能，发掘学生的潜力，使其在原有的基础上进行全方位的提升，实现真正的成长。

（三）强化学习训练，提高多元评价者对多元智力的认识与应用

通过举办与多元智能理论有关的培训班，邀请专家举办讲座和研讨，让学生、教师和家长都能学习和了解，从而认识到其在学生评估中的重要和现实意义。强化对学生、教师、家长等评价主体的培育，把多元智能理论作为主要的内容，来提升教育教学管理的水平和能力。"如果把察觉学生不同的智能或不同的学习方法时的敏锐性，转化为新教师所具备的心理模式，那么，下一代教师就能够以最直接、最有效的方式，深入学生的内心。"[1] 通过举办表彰、观摩等活动，广泛参与学生、教师和家长等不同层面的多元评价主体，积极推广多元智力理论在实践中获得成功的典型案例。要让更多的人有机会去学习，去学习，去发展。只有这样，才能使"多元智能"理论成为一种有效的教学手段。

在肯定其合理性和正确性的同时，也要正视其所面临的问题。比如，教育经费和优质的教育资源比较缺乏，以班级为单位的教学形式将会存在很长一段时间，学生评价主体多元化仍存在着一些困难。在国内，多元智力理论的运用还不能完全等同于普通的教育理论。认识到自身的不足，就可以将多元智能理论应用于实际。在新课程改革的大背景下，学生评价应以多元智能理论为指导，构建一种新的评价体系，朝着评价主体多元化的方向努力，全方位地考查学生的素质，引导学生的未来发展。

---

[1] 霍华德·加德纳，沈致隆译. 多元智能[M]. 北京：新华出版社，1999：260.

参考文献

［1］池春刚．新课程标准下的高中地理教学及评价研究［M］．青岛：中国海洋大学出版社，2021.08．

［2］张兆芹，李兴敏，孙忠梅．网络课程可用性评价与高等教育实践研究［M］．合肥：中国科学技术大学出版社，2021.11．

［3］毛春华．高职院校商务英语专业课程评价研究［M］．长沙：湖南师范大学出版社，2021.11．

［4］丁素芬，孟晓东．教师评价的三重视界：理解、反思与建构［J］．江苏教育，2021，（第14期）：7－11．

［5］付洁．不同情境下教师评价方式研究［J］．互动软件，2021，（第4期）：2380．

［6］臧琰琰．大学教师评价的理论遵循和应然选择［J］．黑龙江高教研究，2021，（第4期）：85－90．

［7］邵思源，陈舜婷．语言教师评价素养：内涵、模型与发展［J］．外语测试与教学，2021，（第4期）：14－21．

［8］钟铧，王萍，徐立明．教学述评：教师评价改革新探索［J］．教育评论，2021，（第10期）：126－130．

［9］王俊山．个性化教育评价设计与实施［M］．上海：上海社会科学院出版社，2021.07．

［10］吴砥．中小学教师信息素养评价［M］．北京：科学出版社，2021.12．

［11］付振桐．多元视域下的教学模式与评价探究［M］．北京：中国纺织出版社，2021.08．

［12］王天平．教师如何做课堂观测与评价［M］．西南大学出版社，2021.12．

［13］周文叶．指向立德树人的教师表现性评价［M］．上海：华东师范大学出版社，2021.12．

［14］何敦培．乡村教师培养工作评价体系构建研究［M］．南昌：江西高校出版社，2021.11．

［15］郭丽君．教师发展视野下的高校教学评价制度［M］．北京：中国社会科学出版社，2021.03．

［16］宋旭红，马彩凤，高源．学术市场驱动下的大学教师流动和评价研究［M］．北京：中国社会科学出版社，2021.06．

［17］朱伟文．质量保证视域下的高校课程体系预评价机制研究［M］．上海：同济大学出版社，2020.06．

［18］王烨晖，辛涛，边玉芳．课程评价的理论、方法与实践［M］．北京：北京师范大学出版社，2020.05．

［19］王龙，张诗雨．网络课程评价与反思［J］．启迪（下旬刊），2020，（第7期）．

［20］廖运全．阅读课程评价体系初探［J］．山西青年，2020，（第5期）：271-272．

［21］王宝国，董自建．优化课程评价，促进学生发展［J］．学周刊，2020，（第4期）：116．

［22］卢玲，黄贤英，黄继平．能力导向的课程评价体系设计与实践［J］．计算机教育，2020，（第3期）：131-135．

［23］张琬婷．核心素养与课程评价［J］．山海经（教育前沿），2020，（第5期）：47．

［24］孙胤华．新课程自主评价［M］．哈尔滨：黑龙江教育出版社，2020.06．

［25］周景坤．教学型高校教师区分性评价研究［M］．北京：中国社会科学出版社，2020.02．

［26］姚便芳，严先元．教师如何进行教育评价［M］．长春：东北师范大学出版社，2020.07．

［27］刘兴凤．基于胜任力的高校工科教师绩效评价研究［M］．北京：科学出版社，2020.12．

［28］乔锦忠．大学学术生态与教师科研行为研究［M］．北京：研究出版社，2020.03．

［29］曹勇．高等职业教育课程发展性评价研究［M］．沈阳：东北大学出版社，2019.08．

［30］戎庭伟，张馨月．综合实践活动课程的评价与管理［M］．石家庄：河北教育出版社，2019.12．

［31］吉丹丹．外语课程评价方法研究与应用［M］．中国原子能出版社，2019.11．

［32］刘盛．大学教师评价制度的物化逻辑［M］．北京：中国社会科学出版社，2019.07．

［33］段戴平．课程一致性建构与评价［M］．北京：科学出版社，2019.11．

［34］袁令民，文晓霞．基于课程标准的物理学业评价研究［M］．北京：科学出版社，2019.11．

［35］吴婷．科学绘本课程化的实施与评价［M］．长春：吉林大学出版社，2019.07．

［36］董建玲，郭士安，刘满娥．新课程标准下的体育教师评价体系研究［M］．沈阳：辽海出版社，2019.01．